U0074182

小妮子

2022, 05

那些愛情裡，
我們所受過的傷

小
妮
子 Anny

各界推薦

如果說，象徵幸福的青鳥總是飛在空中，飄忽不定、難以捉摸，那小妮子就是捕鳥大師，對於青鳥為何飛走，又該如何找回來，明白得很。

透過個案故事、牌卡分析、心理知識分享、實作療癒練習，流動的情愛也可以長出輪廓，帶你探索感情盲點，翻找出路。

描繪愛情樣貌，小妮子讓你能開心地，擁抱屬於自己的幸福。

我在閱讀的過程裡，漸漸收獲了一個更清晰的自己，希望你也是！

——曾彥菁／作家

怎麼相愛、怎麼相處、怎麼溝通、怎麼分開、怎麼理解自己真正要的是什麼，愛本是大哉問，我想所有人都會點頭同意。

小妮子此書，有一種承認大哉問的料理巧勁，問題也一直存在，那麼這次不要怕，找到方法，拿對工具，也能慢慢對症下藥，迎向那彷彿RPG的攻略旅程。於是，即便大哉問／大魔頭時時刻刻存在，但只要我們開始能夠正視、願意處理，也有方有法地前行，本身就是很大的躍進。

其中，小妮子也應用女人迷原創的關係同步牌卡，它收納了九十九個關鍵提問，將問題分等級，並且提供對關係的洞察與實際方法，讓我們在與伴侶的近身接觸中，反而更能明明白白地看見自己。

感謝小妮子寫了這樣一本書，虔心蒐集方法，落成一帖帖藥，良藥多數苦口，而這本書反而無限甜蜜——正如同那些在愛情裡受過的傷，只有自己知曉，在愛裡的痊癒，更使自己強大。

——柯采岑 Audrey／Womany 女人迷 Head of Sales

小妮子從愛情的外在行為談進內在心理，用淺白易懂的語言和生活常見的故事，娓娓告訴讀者愛情中最重要的幾件事情：覺察關係的變化、探索自我的過去、疼惜那個值得被無條件愛著的自己。

每個在愛情中受傷的人，肯定也有個內心曾受創的孩子，可能是來自過去的感情、人際、或原生家庭。當我們願意看看他的傷口，摸摸他的頭，抱抱他給予安慰，或許回到當下的愛情時，便能夠不再那麼慌張失措，賦予自己更多的安心感。

——莊博安／微光心理諮商所所長、諮商心理師

「為什麼我會遇到渣男？」「一直碰上爛桃花是怎樣啦！」「到底要吵到什麼時候啊？」情場屢戰屢敗、遭逢各種不順的妳，很可能常常在問這幾句話。

在妳忍不住吶喊「男人沒一個好東西」之前，請務必先深呼吸，別急著開

地圖砲。不論是命運的玩笑、月老的捉弄、前世欠的債，我們無法避免這輩子不碰到瞎咖，但妳絕對可以選擇不讓這些髒東西傷害自己。要在情場擁有防護罩，並讓關係走進「越交往越幸福」的正向循環，不是靠別人，而是憑自己。

當我們靜下心來探索內在、檢視過往、評估關係、找出盲點，在對自己有更深刻的認識後，往往就能做出更正確的決定，擁有更滿意的愛情。而這本書，就如同一位親切好友，溫暖地給妳指引與建議，祝福妳在細讀後，踏上新的幸福旅程。

——瑪那熊／諮商心理師、關係經營講師

前言

致破碎的靈魂：照料愛的新舊傷痕，你需要找回你自己

「我們不把愛看成一種活動、一種靈魂的能力，所以我們就相信愛所必須的只是找到正確的對象，然後一切就會水道渠成，好比一個人想要畫畫卻不去學畫。」

這是哲學家和精神分析心理學家埃里希·佛洛姆（Erich Fromm）在經典作品《愛的藝術》中，我非常喜歡的一段文字。愛情不是學習找到一個對的人而已，況且所謂對的人，只有你更理解自己後才能知曉。面對愛情關係需要學

習，而學習更是向內探索的歷程。

通常你在和朋友、家人等談論感情問題時，是否經常會先去分析當前「這個對象」是個怎麼樣的人、有哪些行為模式？為什麼我們會受到這類人吸引？然而，有時你過度關注於他人，卻沒有意識到自己才是主體。如果我們可以將注意力回歸到自身，觀察內在狀態的變化，就能了解從過去至今的「自我」是如何形塑出來的，以及為何會陷入某段關係而無法自拔。

長期受到冷暴力對待、被劈腿分手、委屈求全以迎合對方……當你心底累積的傷口，未能得到照料，你便很容易找尋相同的影子，來填補關係中的空洞，導致你再度碰到類似的感情問題。

本書的陪談故事，就像一面鏡子，讓你有機會看見受傷的自己，但光是拿起鏡子遠遠還不夠，你需要靠自己的力量將蒙上灰塵的鏡面擦拭乾淨，深入內心真實的想法，並挖掘潛意識的智慧，為此，書中也加入了牌卡元素以輔助你進行自我探索。

牌卡是非常需要個人直覺的工具，即便故事情節類似，在你同理共感之際，也能透過具體行動更認識自己。除了閱讀本文，實際運用第三方工具，覺察近期的狀態，延伸至過往的生命經驗，便能找到屬於你的牌卡療癒法。

✦運用牌卡日記探索潛意識訊息，培養自我療癒力

關係陷入困境時，你可能會去吃一頓好料、揪朋友喝一杯大吐苦水、上健身房暢快流汗、花錢購物，極力想向外界宣示：「別人不愛我沒關係，至少展現出『我愛自己』。」

然而你是否想過，進行這些「向外尋求」的活動後，你有真正感到被修復嗎？還是其實只是暫時轉移你的注意力，沒過幾天又回歸低能量狀態？其實，你可以有更多選擇，像是培養不會受到時間、地點限制，且更深入心靈的

內在療癒力，學會陪伴自己，那才是讓我們超越生活困苦、活出自己真正力量的根本之道。

花精、牌卡、水晶、瑜珈都屬於「身心靈療癒」的範疇，若是以牌卡療癒來說，可能多數人在腦海中首先浮現的是塔羅牌。塔羅牌屬於神祕學，在本書陪談故事所使用的心靈圖卡與投射卡則是運用了心理學。比起占卜用途、給予「明確指示」的塔羅牌，心靈牌卡更重視「自我探索」、「關係修復」與「自我力量提升」，透過對事件的重新詮釋，幫助你獲得力量。

當我們擁有內在療癒力，有時不必然要在關係中尋求「正確答案」，更重要的其實是「理解自我狀態」。牌卡是幫助你展開內在對話的一種方法，培養自我療癒的能力，在日常生活中也能陪伴自己。或許占卜結果可以給你一個方向，但長期來說，你仍要突破外在環境的考驗或自我限制。

至於牌卡的種類、使用方式繁多，例如：心靈圖卡、投射卡、主題卡、天使卡，上手的難易度各有不同，有些牌卡原創者會發展出自己的系統來引導他人，有些基礎卡種則適合一般使用者作為自我探索的工具，能幫助我們照見內在世界。（而塔羅牌也非僅能作為占卜，如今也有自我療癒的實作法。）

為了協助你探索與疏通內心，書末特別設計了「14天牌卡日記」，讓你透過自我對話引發新想法，學習自癒並找到內在力量，改善當前困頓的心靈狀態。它針對你在關係裡曾經受的傷，搭配14天的實作練習，在引導提問下進行書寫。附錄中更推薦了一般人能快速上手、在家自用的牌卡，你可以先選擇一套喜歡的來陪伴自己。

透過這樣的練習，當你未來遇到瓶頸時，手邊便能有一套簡易的工具，協助你重新建構對生命經驗的詮釋，梳理每日的思緒與身心狀態。相信我們依舊能再次懷抱勇氣，向愛的旅程前行。

目錄

第一章

揮別前段感情，擁抱受傷的靈魂

——在新的故事開始之前

第四章

越相處越想逃？跨越現實因素的阻礙

——關於未來與承諾，在踏入下一階段之前

第五章

該離開還是忍耐？釐清你對愛情的期待

——適時放手的人，才能談好戀愛

第六章

成為自己的勇氣，迎向真正的愛與親密

——在一起的時光裡，所有改變都是我喜歡的樣子

第一章

揮別前段感情，擁抱受傷的靈魂

——在新的故事開始之前

治癒失戀的療程，

是讓我們真實面對自我的機會，

即使傷口會復發，但每一次都能多接近自己一點點。

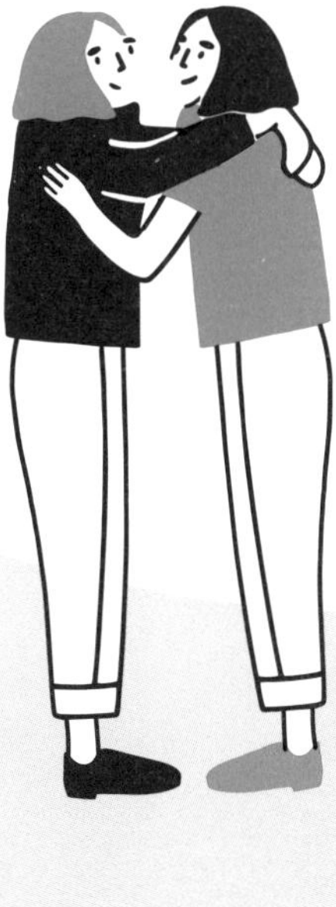

01 走不出相同影子，總是愛上渣男渣女？

從哪裡跌倒，從哪裡爬起來，愛情卻總在同個地方失足。曾以為自己能夠忘記心痛的感覺，卻依舊在新的關係裡尋找相同的影子，最後變成了連你都厭惡的自己。

晴說：「被渣男狠狠傷害後卻又無法停止想著他、不斷被他影響。而且，我覺得自己很髒。」從一段長久穩定關係走出之後，晴覺得自己一腳踏進了崩壞的感情世界。

從小到大生活在保守傳統的家庭中，遵守著禁愛令，直到大學才有了第一任交往對象。七年過去了，兩人之間的感情逐漸昇華為親情，然而，晴和另一半都因為家人企盼他們走入婚姻而備感壓力。後來在和平協議之下，他們決定暫時分開，給彼此時間思考各自的人生觀。

為了轉移注意力，晴開始參加各種社交活動，以緩解失戀後的空虛感。她也在這些場合中認識到活潑有趣的新朋友，很快地，晴和A熱絡了起來。兩人開始密切互動，對方的工作環境和娛樂生活讓晴感到很新鮮，加上A溫柔體貼的個性，聊著聊著，晴的心就陷了進去。後來，晴才發現A是處處放電的情場高手，調情完就跑，還四處張揚自己又讓誰上了鉤。

這樣的結果讓晴感到挫敗，傷心之餘，在友人推薦下註冊了交友軟體，希望能增加找到合適對象的機會，此時晴遇上了B。B是個事業有成的男子，但他長期需要出差加上職場壓力比較大，只有週末才好不容易能和晴見面，原先

B釋放了以結婚為前提交往的訊息，在晴認為他們已經確認關係後不久，便發現對方只把她當成洩慾的床伴。

幾次失敗的經驗之後，悵然若失的晴在原地踱步，不僅身心俱疲，甚至懷疑自己是否還能擁有一段穩定的關係。她不禁思索著：「**我為什麼這麼容易愛上渣男？**」

✦渣男渣女的定義

通常是指無法投入真正的情感，或是控制慾比較強的人。有時他們會劈腿，或拒絕承諾、將所有的責任包袱丟到伴侶的身上。

這會造成進一步交往後，才發現彼此對於感情關係的認定不同。像是只把人當「床伴」，卻讓對方覺得是「伴侶關係」；在你以為的穩定交往關係中，另一方卻屢屢做出不忠的行為，背後的成因可能不同，但都可以將他們視為在關係中「遊戲人間」的一類。

當然，認清「渣」的行為是一回事，但更重要的是，如何覺察自己「為什麼會受到渣男渣女吸引？」

面對明知道是錯的人，你愛上的可能是「釋放壓力」與「被喜歡」

碰上那些調情的技法，即使你心裡知道是對方刻意為之，卻還是無法抗拒這樣致命的吸引力。**你癡迷的可能只是「被喜歡」的感覺，在你看來，對方的親密舉動或是甜言蜜語都在釋放著「對你的好感」，你甚至無視於其實他也對其他人給出這樣曖昧的訊息。**

精神病學家和心理治療師艾倫・埃佩爾（Alan B. Eppel）透過理論、臨床案例在《甜蜜的悲傷》（*Sweet Sorrow*）一書中歸結出，追求依戀關係本是人性的基礎與行為驅動力。然而，當專注力都放在「想要被喜歡」這件事情上，有可能會迷失自己，甚至為了「被喜歡」而出現討好他人行為。

想要被喜歡的背後，代表著渴望被認可。美國的心理治療師史恩．葛洛佛（Sean Grover）在療程中發現，受到童年情感創傷者，會不停地尋求認同，以抵抗內心的自卑感，他們沒有辦法有意識到自己的價值，只能持續追求他人的肯定。然而，這樣獲得的安慰都不會持久，不管得到多少認同，很快又想要追尋新的肯定。

晴過去專注課業，進入大學後只交過一任男友，不但沒有太多的戀愛經驗，加上與前任的關係長達七年，愛情成為了親情，讓晴早已忘記被喜歡的那種怦然心動。遇到積極追求的對象，正好喚醒她內心渴望被愛的感覺。

晴在陪談中，抽到「**理性**」牌卡。從感性層面來看，現階段的晴嚮往著人生更多的冒險與刺激，在與自由靈魂相處時，緊繃感會得到釋放；但就長期理性層面來看，這樣的伴侶終究無法進入安全穩定關係。

與其改變他們，你更需要找回自己

根據醫學博士史考特・里汀（Scott Litin）的研究[1]，玩弄感情者多半具有「自戀型人格」（Narcissism）。他們的行為動機包含：

- 試探／加強關係。
- 尋求安全感。
- 彌補自卑的心理。

以上都是自戀型人格者為了支撐內在殘破不堪的自我概念，及滿足自戀心態而引發的特定行為。他們同時也是無法真正接納自己的人，因此，更有可能會對自己迷戀的對象抱持恨意，或者想試圖補償容易嫉妒的心理，透過引起他人的醋意來得到慰藉，這些都源自於缺乏安全感而出現的心態。

然而，這些常見的操弄手法，為什麼讓晴深陷於其中呢？這可能與晴的童年經驗有關。雖然在一個傳統保守、管教甚嚴的家庭長大，但事實上她卻長期受到冷漠對待、被否定與拒絕，在親密關係裡得到的情感是相當匱乏的。

看著桌上「冷漠」的牌卡，晴想起自己不只是在與渣男交往時，受到冷漠的對待；她也想要透過改變伴侶，來彌補家庭關係給她的傷害，潛意識中的訊息是：只要能改變他們，讓他們不再拒絕，就能證明自己值得被愛，也能彌補童年的創傷。很可惜的是，這些具有渣體質的人往往背後也有著他們自身的課題，並不是任何人能輕易改變的。

> 與其試圖去改變他們，以獲取他們「難以給予」的愛，你更需要連結過去未被治癒的創傷，重建自我價值。而非一再把家庭的遺憾投射到伴侶身上。

其實，缺乏感情經驗、識人不清，可以說是戀愛必經的歷程，誰在學習走路時不曾跌倒呢？記得要吸取每一次的經驗，給自己更長的觀察期。

當然，我不會說渣男渣女是絕對的壞或者不配擁有任何關係，相反地，我相信也有人能夠適應這樣的對象，但那個人肯定不會是受到傷害而尚未治癒的你。一段好的關係需要天時地利人和，至少這樣的人目前無法帶給你安全感與信任感。

經歷挫敗的關係，與其對自己生氣，不如暫時抽離出來，用旁觀者的角度來看待這段關係中讓自己耽溺的，會不會只是對愛情的渴望。

療傷悄悄話

唯有揮別錯誤的對象，才能自在地展開新生活，迎向健康的關係。以下這些方式能幫助你學習看見內在需求：

1 覺察渣體質的行為模式

釐清「我為什麼會被吸引？」將當下干擾你的思緒抽離，讓自己站在更高的角度來看待這段有毒關係，並且與值得信任的友人分享你對愛的需求。

2 透過書寫療癒過去

書寫你之前的家庭、情感經驗，把自己的需求擺在第一位。根據懷特．維多利亞（White, Victoria E.）與莱瑞．梅麗莎（Murray, Melissa A.）的研究[2]，書寫療法有助於寫作者在他們的經歷中找到意義，從新的角度看待事物，並在最消極的經歷中看到一線希望。

3 學習平衡你的內在，釋放壓力

意識到自己的壓力平衡狀態，而非將幫助你排解壓力的人錯當作愛情，讓身心保持和諧一致，不被當前迷惑。只要你願意，永遠可以走向健康關係。

02

經常被貶低、害怕說錯話？辨識關係中的冷暴力

曾經遭遇過冷暴力的人，總會在內心上演多部小劇場，由於不知道對方的真實想法，而任由自己去揣測，或者用各種藉口、找尋第三方共同友人協助探詢，旁敲側擊。然而，因為缺乏面對面的溝通，得到的終究是模糊不清的答案。

「到底他在想什麼？」「是不是想分手？」「他對我有什麼不滿？」這些懸而未解的問題引發你內在的恐懼，並任憑恐懼擾亂你的直覺。

H說起和另一半溝通時長期受挫，只要一有衝突，對方就會以冷暴力相待，不讀不回訊息，沒有任何音訊，直到自己苦苦哀求、認錯道歉，對方才稍微願意回應。

然而，H一直相信，她能用愛融化對方內心裡的冰山，讓對方看到自己的努力與付出。然而很可惜的是，對方最終還是決定結束關係，她問我，這些是否早已有跡可循？

那些暗藏的冷暴力

冷暴力不能解決任何問題，偏偏有些人習慣用這樣的方式操縱關係，最後可能也會用同樣的方式結束關係。其實這種傷害並非突發性，而是長期的持續積累，了解冷暴力背後行為模式的真相，可以幫助你即早認清事實，將主控權拉回自己身上。以下是幾種常見的模式：

✦操弄關係

當發生衝突時，對方出現冷暴力的行為，可能是想在關係中成為主導的一方，進而試圖操控你。基於渴望被接受、被愛的前提拒絕溝通，並藉此表達：「你必須聽從我的、接受我的想法，才有資格與我對談。」但這樣的方式長久下來，將會讓你感到自我價值感低落。

他之所以這麼做的目的，通常是希望自己能在關係中擁有更強的主導權，透過冷暴力的方式「提高自己的權力地位」。對方可能會選擇拒絕溝通、駁斥你的意見、指責你的過錯，用敵視及貶低的上對下角度來跟你說話，像是：「怎麼連這點小事都做不好？」「工作的事跟你說，你也聽不懂。」讓你自我懷疑，不禁想著：「我是不是真的很糟糕？」。

這樣的精神折磨是相當痛苦的，對方將此當作一種懲罰，讓你陷入不安的情緒輪迴之中。

✦透過「被忽視」的報復，藉此取得關注

例如，你原本在上班時間會偶爾關心對方，但突然忙起來就會忘記回覆訊息，雖然是無心的，但對方可能因為感覺到「被忽略」而想以同樣的方式對待你，進而發展成某種「冷暴力」關係。

當你覺察到對方情緒不穩定，通常會給予更多的關注，不過也需要注意，如果對方發現這樣的手段能夠成功獲取關注之後，很可能會在往後更常使用同樣的手段，以達到其它目的。

✦不擅於溝通，害怕情緒失控

有時對方會因為不知道該如何在關係裡好好溝通，而將心房關起來，選擇沉默以待，使你們之間溝通的橋樑斷裂。此外，也可能是對方情緒控管能力較差，雖然沒有演變成暴力行為，一旦產生衝突卻很容易情緒失控。這種時候，與其大吵，可能更想透過逃避來冷處理，避免將怒火延燒。

✦以退為進，像是受害者

如果你看到一對戀人在吵架，通常會覺得是誰處於劣勢呢？大概都會認為是沉默不語的那一方吧。在這樣的局勢下，較安靜的那方通常會得到眾人的同情，像是受害者；實則藉著「冷暴力」讓對方退讓，不僅是以退為進如此而已，更因為沒有說任何話，而讓對方無從反駁。

面臨這種狀況時，更重要的是，不要被恐懼所迷惑，對方若逃避問題，正是你該面對自己處境的時刻。

✦冷暴力，很可能是分手的前兆

當衝突漸漸增多，又沒有良好的溝通管道時，每一次吵架後，在你發了無數條訊息、打了好長一串的真摯內容，播了幾通乞求的電話，最後很有可能等到的卻是對方祭出的最後一擊——分手。若能提前保持警覺，就有機會在關係結束之前，主動展開溝通，或者及時停損。

包容不是無限上綱，應該跳脫當局者迷思

當對方狠下心一走了之，讓你崩潰、不解……你卻沒覺察，這些冷暴力在全身上下綑綁你之後，早就在身心形成了許多創傷，只是你視而不見。然而，如果從旁觀者的角度，試問自己，在冷暴力的凌遲下，你對於這份愛還有多少期待呢？

受到冷暴力對待的當下，受害者通常想解決的是「如何打破僵局」，但你也必須認清：這場心理遊戲，是否已經遮蔽了你的內心，而這真的是自己想要的關係嗎？

每次終於等到對方回應，你暫且放下心中的大石頭，於是再度不計前嫌地妥協、包容，任由對方操縱。然而，如果你的伴侶一再使出相同手段，沒有降低頻率或是變得更成熟，那麼，長期對你來說將是焦慮感大過於幸福感，這樣

的冰風暴，絕對不是適合愛情滋長的環境。

如果你想為自己而重新開始，首先，你應該跳脫當局者迷思，認清真相。

過去這些感情並非無疾而終，你只是忘記了要為自己的包容**設定底線**，長期下來心靈被消磨殆盡了。受到冷暴力對待時，我們容易覺得自己是被害的一方；不願意主動離開，則是害怕回到單身狀態，或者沒有信心自己能再次進入一段新的關係。

如果你也有同樣的擔憂，想重新獲得勇氣，**找回自我效能感**（self-efficacy）是非常重要的。

提高自我效能感的修復力

什麼是自我效能？這是由加拿大心理學家亞伯特·班度拉（Albert

Bandura）提出，指的是個人運用自身的能力，相信自己可以做到某些事情、達成目標的程度。高自我效能感的人，相信自己有更多未來的可能性與選擇，有助於從當前的僵局中跳脫出來。

> 設定目標並逐一實現，是建立和維持自我效能感的方法。你可以透過更小的目標，於每一次完成後，提升自信心。

你並不一定需要設定很遠大的目標，來一趟獨自旅行就是不錯的方式。那年，同樣遭遇冷暴力分手的我，獨自到臺南旅行，一個人吃飯、踩點、探路，完成了從未挑戰的任務，原來過去與對方一起經歷的事情，我一個人也能辦得到。當時在民宿認識來自各地的朋友，也提高了我的社交自我效能感，建立起嶄新且溫暖的人際關係。這讓我發現，只要願意打開心門，未來拓展關係上仍有無限可能。

在那次獨自旅行的路途中，我意會到和前任分開後，不需要再去掛念「為什麼那個人不回應自己」，整趟旅程下來，發現獨處的時間反而讓我的心情更自在。**有時候，是我們活得太貧乏，忘記了生命的實感，並在無形中，用傷害自己的方式來確認「我還活著」。可是，從這樣的壓抑轉化而成的傷害，受傷的往往不只自己，還要拉下更多人一起承擔。**

治癒失戀的療程，是讓我們真實面對自我的機會，即使傷口有復發的可能，但每一次都能多接近自己一點點。復健是一段需要耐心的歷程，如果能走過這些傷痛，便能讓未來走得更開闊，擁有更多希望。

療傷悄悄話

遇到冷暴力分手，你可以透過以下方法幫助自己走出：

1 觀察他人成功跳脫困境的經驗

除了自我梳理，在適當的人際關係中分享自己的處境，或許身邊也有相同遭遇的人，透過他們的經驗為你帶來鼓勵，也能提升自我效能感。「他可以做到，我一定也可以！」

2 校準愛的眼光

就算對方傷害你，你也不能傷害自己。其實在交往期間，你一直都能觀察到許多線索，連再見都無法好好說的人，是不可能給你更多承諾的，意識到冷暴力操縱手法並為自己設立停損點，告訴自己：「這不是愛，是傷害，我應該停止耗損身心靈。」

3 勇氣提升練習

即便獨自一人也能跨出舒適圈，從較小的目標開始，將每次的突破書寫下來，藉此意識到自己有了更多的成功體驗。這並不一定需要倚靠他人才能完成，主動增加自我效能感，不讓自己陷入僵局。

03

分手無法真正放下，想吃回頭草的你怎麼了？

結束關係的方式百百種，有些伴侶從相愛到相殺，爭吵的怒火讓愛瞬間蒸發；有些可能是感情逐漸退去，像是從指縫中流過的細砂，無法掌握只能任憑它隨著時間消逝。

或許在你的生命經驗中，也曾有過那麼一段刻骨銘心的感情，讓你遲遲無法放下，分開後又想重修舊好。假如對方也有相同的感受，雙方在審慎思考後可能重返關係；不過，通常讓人痛苦的，是只有其中一方有挽回的想法。F在關係結束後陷入了掙扎：「對方已經不要我了，為什麼我還是捨不得？」

從生活的大小事可以看出，F與另一半的親密關係需求有一定的落差，讓他們經常無法達到共識。舉例來說，對方想追求事業成就、個人生活，而對感情抱持著相對冷淡的態度，只要F沒有主動，對方甚至可以好幾週忙於自己的事而不需要約會互動。

讓F萬萬沒想到的是後來對方到外地工作，竟然出軌了。F說，原來以個人生活為重只是藉口，說到底，對方只是不夠喜歡自己罷了。然而，兩人決議分手後，F卻仍在苦苦掙扎，想要釐清這份感情究竟該不該挽回。

「發現對方出軌那刻，我覺得自己像是被狠狠地賞了個耳光。但是分手後的我卻感到非常失落，我不知道自己是真愛著對方，還是放不下。」

分手後，朋友最常給的安慰不外乎就是「那個人不值得」、「你要好好愛自己」，聽著這些看似溫暖的喊話，卻讓F更加迷惘，甚至想著「如果有機會復合就太好了」。然而，許多人即使舊情復燃也難以長久。

無法放手的你，放不下的是沉沒成本

對F來說，過去無條件愛著對方，不管開心或難過，只要還在關係中，她都可以繼續付出，即便爭吵過後也能以愛包容。然而，最終這顆灌滿愛的氣球還是被戳破了，自己仍緊握著一手的碎片，不願輕易丟棄。這難道是一種自我懲罰嗎？

如果用經濟學角度來看，「無法割捨的感情」其實是一種沉沒成本謬誤。沉沒成本（Sunk Cost）是指已發生或承諾過，但無法回收的成本支出；而沉沒成本謬誤，則是我們那股「不甘心」的情緒。卡內基梅隆大學商學院助理教授奧利沃拉（Christopher Olivola）在期刊《心理學》中指出：

「沉沒成本效應是一種普遍傾向，持續努力做一件事、進行消費或追求一個選項，因為他們已經投資了時間、金錢或部分資源在裡面。」[3]

沉沒成本當然也適用於愛情關係。在一起越久的情侶，所投入的有形、無形成本越多。你可能會不想承認自己花時間經營的關係，到頭來竟浪費了大把的青春，導致你極力想證明「自己的付出是有價值的」，才會竭盡一切來力挽狂瀾。

想重返舊情？你其實只是不相信自己值得被愛

F看著抽到的「懷疑」牌卡，聯想到了自己內在的不信任感，F發現，她不相信的人正是自己。無法放下三年的感情，是因為她覺得一部分的自己消失了，在關係的舒適圈中，也始終不相信獨自一人能夠活得完整。

與前任交往期間，有許多共同回憶，一起去過的地方、看過的電影、重疊的朋友圈，甚至與對方的家人建立起了深厚關係。除了外顯的要素，還包含內在層次，在和伴侶相處時所建立起的「自我概念」，是由每個人對於自己的信念集合而成，是自尊、自我認知，以及自我與社會環境交互作用下所構成。

根據《人格與社會心理學公報》，艾麗卡・斯洛特（Erica B. Slotter）等人在研究[4]中指出，人在面臨分手以後，個體的**自我概念清晰度**（Self-Concept Clarity）會受到影響而逐漸模糊，潛意識釋放的訊息則是：「我不知道自己是誰？」「少了對方，我的生活就不可能完整。」而這也正是為什麼明明知道是錯的人，還是難以從分手的失落中脫困的原因。在交往階段，我們透過彼此完成了「自我概念」的建立。因此，讓你痛苦的並不是對方的離開，而是你無法面對最真實的自己。

在交往之前，你可能尚未深層探索過自己。**只要沒有愛人，就不知道自己有何值得被愛之處。也因為低自尊而經常陷入自我懷疑，甚至自我貶低，你需**

要緊抓一塊浮木才能感到安全。此外，對許多人來說，重新建立一段關係遠比與前任復合更加困難。

> 建立關係，基本上都需要經歷一段適應與磨合期，因此，你的內心才會一再暗示自己：「回到前一段關係，才是找回自己最快的方式。」

對F來說，即便重修舊好，仍不會忘記自己曾受到背叛；因此就算回到關係中，也只是每天看著傷害過自己的人，徒耗心神。現在的她，決定將注意力集中在自己的身心狀態，讓傷口癒合，保持開放的心態，重新投入熱愛的生活，重建自我。

療傷
悄悄話

尋求愛與歸屬感的你，
記得在進入一段親密關係之前，
可以為自己這麼做：

1 建立其他關係連結

內心空蕩蕩的你，仍然需要關係的溫暖。不一定是愛情，親情、友情都是值得你連結的關係，趁著空窗期與他們聯繫吧！

2 辨別愛與遺憾的差異

為什麼會想回到從前？潛意識告訴你，在「失去」以後，讓自己離開負面情緒最快的路徑，就是找回丟掉的東西，但回到這段關係不一定能讓你重新感受到愛。

3 陪伴自己，不需要逼自己趕快好起來

試著記錄每天的身心狀態，用自由書寫的方式，將情緒梳理開來，避免因為失去耐心與不甘寂寞，而做出錯誤的決定。

04

該如何解讀前任的關心？復合不是你唯一的選擇

感情結束後，面對前任的關心，卻無法好好斷捨離，讓你的生活困在原地無法前進嗎？

「分手後，他還是會關心我，總說我不會照顧自己。」瑜說道，前任仍然不時會問候自己，關注她近期的交友狀況。若是普通朋友的話，肯定可以感受到被接住的溫暖，但前任的關切反而讓瑜感到心煩意亂。

瑜和前任的住家很近，剛分手那段時間，對方依然會到她住所附近，一起坐在公園吃宵夜聊天到三更半夜，讓瑜覺得對方還在乎自己。

「他到底是不是還在意我？」

「或者只是放心不下我？」

「我該繼續和他互動嗎？」

分手的原因是前任背叛了這段感情，瑜無法原諒對方，於是決定分手。瑜原本已經痛定思痛，準備專心過好自己的生活。除了工作更加拼命，也積極拓展社交圈，參與朋友的聚會。

然而，前任再次出現，讓尚未痊癒的她感到更為混亂，也勾起了過往相處的點點滴滴。某些時候，她還會眷戀起兩人在一起的時光，甚至有幾個瞬間浮現出「復合」的念頭。瑜意識到自己仍寄情於對方的這份關心，已經反覆對她平靜的生活造成干擾，於是她希望徹底從藕斷絲連的狀態中抽離。

經歷分手，才開始慢慢沉澱，尚未重整好的思緒受到攪和，讓人不免有些氣餒，你可能會責備自己為何如此不爭氣，抵禦不了前任的關心。如果你也和瑜一樣陷入膠著關係，最好的做法是：**先辨識對方的動機。**

辨識行爲背後的動機，爲自己設立界線

既然之前能傷你傷得這麼深，那麼，現在的關心又算是什麼呢？不一致行為讓你感到矛盾，試著冷靜片刻，辨認背叛在先，事後卻死纏爛打的幾種可能。

✦罪惡感的彌補心態

因出軌而導致感情結束，為了減低個人痛苦，彌補過錯，即便已沒有感情，還是想讓自己過得心安理得。但，就算還有愛，對你來說可能也只剩傷害了。

✦只是想獲得優越感

托尼·費雷蒂博士（Tony Ferretti M.D.）指出，自戀者討厭失敗和失去，除非是他們主動提出分手，否則他們會盡可能與前任保持聯繫。當他們被拒絕時，其自戀感則會受到傷害。

如果關係中的對方屬於自戀型特質者，很有可能就是想透過糾纏不斷的方式來**證明「自己比較好」**；即便真心想和你復合，仍有可能會在復合之後，繼續貶低你。不論何者，他們都能藉此達到自我膨脹，進而產生優越感的目的。當然，優越感不會只存在於對方身上，你的內在也有，因此，你會希望對方多關注自己，進而得到安慰。

✦試圖維持性伴侶關係

只想保持性關係，但不給予任何承諾。這從聯繫的時間、約會的地點都可以透露跡象，你應該稍微提高警覺。

✦填補生活空虛

除了生理層面，人的心理需求上容易在分手後感受到空虛，以前睡前聊天的對象瞬間消失了，不習慣有事無人可分享，因而想要持續與你互動。

以上動機都可能會讓你誤認為對方還餘情未了。當然，確實也有前任是認真想求和，但這就要更長時間的觀察，前提是你能全然原諒對方過去的所作所為，並在理性思考過後，確認重新開展關係的可能。否則，最好的方式便是幫助自己設立界線，學習關係斷捨離，不再受到影響。

停止自責，從接納自己開始

瑜在說起她的故事時，經常陷入自我批判。一方面無法接受自己會被帶來如此嚴重傷害的人給吸引，甚至在對方提出床伴的邀約時，因內心有所動搖而產生罪惡感。瑜在面對前任保持一如既往的和善，對自己卻不停地自責，越是抵抗，自我批評越是強烈。

事實上，瑜的矛盾也是出自一種維持自尊的展現。比起對方毫不猶豫的轉身離開，當對方表現出「眷戀」，她反而能因此覺得自己在對方的心中還是有價值的，隨之而來的則是同情與憐憫，導致她無法拒絕對方，甚至越來越討厭這樣不堅定的自己。

其實這種時候，你最應該憐惜的人是自己，展開自我疼惜的歷程可以讓你穩定內在狀態，消除討厭自己的意念。自我疼惜（Self Compassion）是美國心理學家克莉絲汀·聶夫（Kristin Neff）在二〇〇三年提出的概念：

「所謂自我疼惜，是指在遭遇創傷時，能對自己保持熱情和理解，而不是透過忽視痛苦或過度自我批評來鞭策自己。」

自我疼惜不是要你假裝一切沒發生過，而是能認知到生命並不完美，失敗和痛苦都是無可避免的，但我們能更溫柔地對待自己。當理想與現實背離，感到被否定是在所難免的，不過，只要我們能保持善良的意念去接納當下，便可以讓情緒和壓力減緩下來。

該如何展開自我疼惜？

首先，接納與承認當前的狀態對你產生了影響，並引發你的矛盾與傷痛。其次，請試著想像自己站在更高的端點，看著周遭、你生長的世界，理解到自己並非孤單一人，許多人也曾在感情上遭受過類似處境，提醒自己這樣的經驗不是唯一。

曾經被你解讀成愛的言行舉止，隨著認清更多事實之後，開始逐漸豁然開朗，你不需要抱持著「罵醒自己」的心態，你需要的其實是「平靜」以及「自我陪伴」，那些內在負面的謾罵並不會為你帶來積極效果，反而會因此引發內在衝突，帶來更多混亂。

試想今天換成是你，在安慰走出一段戀情的朋友時，大多是以溫暖與包容的話語來接住對方；但在自我對話時，我們卻容易對自己嚴厲且苛責。多數人都難以在覺察之前，用對待摯友那樣的愛與疼惜，與自己對話。當你開始意識到內在的自我批判正在發生，試著透過一步步練習，轉化對自己的語言。

對瑜來說，當前除了釐清外在的處境、對方的動機與意圖，也需要建立堅定的內在，消除自我的矛盾與衝突。最終能夠體悟到的是：不論對方做了什麼，我都能善待自己、疼惜自己，增強積極正向的自我認知。

療傷
悄悄話

面對傷害自己的前任，以下提供更多行動方案幫助你告別過去：

1 無條件的自我寬容

將對方的行為模式一步步拆解、轉換當前的思考迴路。不需要責怪自己好傻好天真，沒有人具備上帝視角，存在這些認知失調的時間落差是必然的，太慢發現並非自己的錯，應該專注於重生的起始，並給予無條件的自我寬容。

2 檢視內在自我苛責的處境

觀察是否有哪些時刻，你的內在審判機制又不自覺地出現？有意識地轉換內在對話方式，如果還是難以消除，可以抽取正向卡，讓牌卡上的正向訊息給你另一種角度看待當下。

3 用感恩日記取代負向意念

戴維斯加州大學的心理學家艾蒙斯（Robert Emmons）透過一系列的研究[5]發現，感恩可強化免疫系統、改善睡眠品質、降低壓力和憂鬱，甚至能開啟或強化關係，感恩的實踐始於去意識到你能感恩的事物，而感恩日記就是很好方式。

執著在被傷害的過往，會將你內在的陽光遮蔽。事情的正面或負面，是由我們詮釋的方法所決定。透過感恩日記，將生活的美好記錄下來，用感謝的眼光看待身邊微小卻珍貴的幸福。試著每天寫下三項值得感謝的事物與經驗，一步步轉化你的負面情緒。

第二章

劃出底線，你不需要失去你自己

——給容易受人擺布、想討好對方的你

唯有當你了解什麼不是愛，
你才能準備好體會什麼是愛，
也唯有到那時，你才會遇見有勇氣愛著真實的你的那個人。

05

戀愛中總是自卑，覺得自己配不上對方？

婷安在一次的小酌中，聊起了最近的暗戀對象G。G的出現對婷安來說，是一個嶄新的生活動力，婷安一直默默喜歡、遠遠觀察著G，後來因為一起辦活動的關係，G和另一位女孩分配到同個支援小組，常常在完成自己工作後，額外花時間幫忙女孩。

在一旁看著兩人互動的婷安，默默在心裡下了一個結論，認為G對女孩有好感，因而感到心灰意冷，忍不住想：「**或許對方真的比我好吧！**」

在使用牌卡引導婷安的過程中，她所抽到的牌是「恐懼」與「自卑」。婷安才終於鬆口說出她一直以來都是缺乏自信的，坦承這與她展現出來的外在形象有相當大的落差，而且更多時候，她都專注在扮演「他人眼中的自己」。

不僅如此，婷安的家世背景也讓她承受比別人更大的壓力，陷入了「理想我」與「真實我」之間的拉鋸。「我花了許多心力以符合世俗的審美與成就表現，卻永遠不夠。」外人眼中活潑自信的她，內心深處其實深受自卑所苦。

你是愛他這個人，還是愛他身上的光環？

自我價值低落，也影響著婷安的交友關係。為了增加自我認同感，婷安會刻意參與光鮮亮麗的群體，從學生時代，便努力想融入班上成為「核心人物」，盡可能接觸有才華、受歡迎的人，與他們成為朋友。同時，婷安也愛慕著在這些群體中耀眼的異性。

然而，當婷安真正跨出去，和感興趣的對象相處之後，才發現許多時候，她都在討好對方，為了不被人看到脆弱又難堪的一面，而盡全力保持形象。

「這樣的我其實一直覺得自己不被重視、不被愛，也總是很羨慕那些條件好的人。」婷安認為自己所仰慕的對象，正是她想要交往的「理想型伴侶」。有時候，**我們眼中所謂的「條件好」，會過度聚焦在外顯特徵上，像是工作成就、外表形象**。透過認同他們，甚至接近他們、進而發展關係，以補償自我的價值感，也可能是因為她在對方身上，看見了自己最匱乏的部分。

劍橋大學心理系教授埃弗里特（Everitt, B.J.）和羅賓斯（Robbins, T.W.），曾經寫過一篇研究[6]，提到人們在自我價值感長期低落之下，容易出現**「討好型人格」**，他們會想盡辦法滿足別人的需求，來避免正面衝突，甚至藉此來獲得安全感。

人生追求不斷突破，但愛情不必「自我證明」

阿德勒在《自卑與超越》一書裡提到：

我們每個人都有不同程度的自卑感，因為我們想讓自己更優秀，讓自己過上更好的生活，若我們能一直保持勇氣，便能以直接與實際的方法改變生活，逐漸擺脫自卑感。

你是否有過持續想要「向他人證明自己」的行為呢？比如在社群媒體或言行中，展現個人成就、興趣、才華和人脈關係等等。然而，阿德勒談到自卑情結的成因時，指出任何一種凌駕於他人之上的行為，本質都有著潛藏的自卑感存在。有時候，正是害怕被看輕，才必須向別人證明自己的特別之處。

自卑所影響的不只是自我認同，更包含同儕、工作、家庭層面的關係互動，當這些層面存在著超越別人的競爭意識，倘若運用得當，的確可以讓你獲得跳躍般的成長。**但是，愛情裡若存在著「比較」心態，反而是在傷害自己，用補償心態來擇偶，可能會導致你的自尊感更加低落。**

除此之外，一篇探討伴侶間吸引力的研究（Bruch & Newman, 2018）發現，不論男性或女性，都會意識到自己的「條件等級」，並相應地調整擇偶標準，同時競爭更理想的伴侶。有些人會追求「各方面比自己優秀」的人，而誤認為這樣的差距有助於激勵個人成長。等真正進入關係後才意識到，自己內心的「自卑感」並沒有消除，反而讓雙方陷入更加不平衡的狀態。

> ” **沒有什麼比無條件愛自己更重要。** “

在結束一段失落的感情經驗之後，我也建議婷安可以試著從三個方向著手，來改善自卑情結。

- **改善自我認知**：向朋友詢問自己的優點、寫下你每天做得不錯的地方。
- **接納自身的不足**：接受每個人都是獨一無二的，必然會有你不擅長的事。
- **遠離讓你自卑的環境**：離開會貶低你的主管、同儕或伴侶。

婷安已經開始學習看見自己的優點，珍惜所擁有的潛能並好好發揮，而不只是著重於外在形象，更包含提升內在涵養，從裡到外、相輔相成地築起真正的自信。

透過自我探索，你將更明白自己的特質。當你找到擅長的事情，有毅力地精進與行動，就不再活得越用力、越失落。至於自卑感所召喚那些不適合你的情感投射，在心碎以前，你需要學習和它們共處。

療傷
悄悄話

進入戀愛關係之前，更需要覺察自卑感，這可以從改善與自己的相處方式做起：

1 覺察源自於自卑的優越感

為了逃避那些真正綑綁著自己的自卑感，你很可能會去尋求更多的優越感來補償自己，可惜的是，那只是短暫的麻痹。要與自卑感和諧共處，你需要先意識到讓自己感到自卑的那些問題是什麼，而不是盲目尋求一個超理想型伴侶來提升優越感。

2 記錄那些讓你陷入自卑的時刻，去除過多自我評價

通常一天之中，你會在哪些時刻陷入自卑的焦慮？是滑社群軟體時、開會時，還是看著他人發表意見時？試著了解當下的情緒及感受，先不去評價，而是釐清讓你自卑的情境是否存在你的錯誤認知。

3 重新定位自我與能量來源

正因為自卑感存在，我們才有進步的動力，比起找尋一個讓自己看起來很強大的環境，你更需要的是讓自己真正堅強起來。每天寫下一件值得自我肯定的事，可以是新的突破，也可以是一個讓自己身心狀態良好的習慣維持。

4 遠離那些讓你陷入比較的情境

你應該也有遇過一些在言談時，總會散發出一股「優越感」的人。尤其在談論伴侶時，如果沒有意識到這點，本來不想刻意攀比的人也會很容易被拉入比較模式之中。切記讓自己遠離，或者不要一再陷入這樣的對話模式，提醒自己：「或許對方也正是自卑心在作祟。」當個禮貌的聆聽者即可。

06

不斷付出卻得不到回報？給戀愛成癮的你

如果你總是在虐心的戀情中重蹈覆轍，內心感到空虛不踏實，那麼，是時候停下腳步來審視一下你的內在狀態了。或許你隱約有感覺到，那些埋藏在心底深處的傷痛，需要回溯到早期的經歷，但你是否有平靜下來去關注它們呢？還是你依舊放任那些未復原的傷口，反覆結痂、流血，再留下瘡疤？

仔細想想，緊握那些不屬於你的感情，究竟是來自於哪些創傷的投射？

E說自己沒辦法停止想著那個無法回應她的人，甚至出現想要橫刀奪愛的念頭。她與暗戀對象彼此公司是合作關係，所以經常需要公事上的往來。陷入迷戀之後，E不僅難以專心做事，還造成了對方的困擾，甚至因為私人感情而影響到工作情緒，讓主管不得不出面協調。

一次次地，E在追求的行動中感到受傷。她在心底告訴自己，互動越多，只會覺得更出糗、更卑微。但沒想到努力克制感情的結果，卻是讓自己越來越無法抽離。

「我明明覺得可以放手了，但還是無法停止去想他。」「看到他和其他異性相談甚歡，我會心生怒氣，接著偷偷崩潰。」E說其實在幾次接觸之後，也知道自己和對方的個性迥異，卻始終無法放下。

看著**自責**（Self-Accusation）的牌卡進行連結，她慢慢說出自責感與自己感情之間的關係。「因為愛情而失去理智，讓我不免有些罪惡感吧。」E過去也曾經為了感情而擔誤了工作。當時，為了配合另一半不固定的上班時間，她缺席重要的會議行程，導致最後丟掉了那份相當不錯的工作。

相談之後，我發現她所面臨的狀態，正是典型的戀愛成癮。應該思考的並非眼下這段愛不到、卻又脫不了手的關係，更需要的是向內探索，療癒過去那些根植於內在小孩上的傷口。

陷入有毒關係，但不愛很痛苦？

藥物、菸癮、酒癮有害身體健康，然而，沉迷於不健康關係的戀愛成癮，也會對個人生活造成影響和危害。

戀愛成癮（Love Addiction）一詞最早是在一九二八年開始普及，由匈牙利精神分析師桑多·拉多（Sandor Rado）提出如下定義：

如同受挫的人亟需獲得更多愛、慰藉以及支持，戀愛成癮是一種無法滿足的內在空虛。

美國精神病學與行為科學家桑切斯（M.Sanches）及約翰（V.P. John）刊載於《歐洲精神病學期刊》（*European Journal of Psychiatry*）的研究[7]則指出：戀愛成癮是一種行為模式，像是對一位或多位伴侶滲透過度，給人難以適應的關注，導致失去控制、放棄別的興趣和行動，以及其他負面結果。

事實上，當代專家對於戀愛成癮的「癮」，判定標準並不一致，然而，這些行為的確對個人生活造成不良的影響。如果你也有出現以下模式，若能即早意識到自己的痛楚，便能為你受傷的心止血。

✦戀愛成癮者常見的情況

- 用戀愛緩解生活壓力。

- 生活長期處於混亂狀態。
- 害怕孤單，無法忍受寂寞。
- 為了維持關係什麼都願意做，即便不認同對方某些行為。
- 沉迷追求、幻想、性愛等獎賞或興奮感。有些人會把性愛產生的火花與真實的愛情混淆。

心理專家雷蒙娜．羅伯茨博士（Dr. Ramona Roberts）認為，**戀愛成癮者對不健康的關係會產生安全感，因為對他們來說「有毒關係才是常態」**。戀愛成癮者普遍在長大過程中，遇到了混亂或情緒不穩定的照顧者，他們對健康的關係並不熟悉，因此，才會選擇那些不太可能長期交往的伴侶[8]。

矛盾的是，他們也會不惜犧牲一切與對方保持連結，甚至糾纏不清，就像是E寧可執著於一個無法回應她的人一樣。

關於戀愛成癮症的原因，美國臨床心理學家吉兒．韋伯博士（Jill P. Weber

Ph.D.）則解釋，在生命早期，若主要照顧者讓個體感到被拒絕、被忽視，在經歷愛情關係時，會將這樣的感覺喚醒，於是個體很可能會一再被那些錯誤的對象，也就是同樣會拒絕且忽視自己的人所吸引[9]。戀愛成癮者通常會藉由刺激的戀愛過程來產生自我價值感，因為他們只有在被需要、被愛的時候，才會感到快樂。

✦戀愛成癮的失調者，容易在關係中不斷重複類似的場景

- 喜歡尋求獎賞，像是吸引他人的注意力、迷戀特定對象、享受性愛的快感等等。
- 對於那些「應該遠離的人」沒有自制力。
- 無法忍受空窗期，明明彼此不適合，卻又急著進入一段新的關係。
- 與潛在對象曖昧時，經常還沒反應過來，對方就已經失聯，更加深在戀愛經驗中的挫敗感。

別把愛情當作止痛藥，在愛之前先學會療傷

與其期待一個無法帶給你安慰的人，不如選擇療癒自己的內在。是的，這是一種「選擇」。許多人深陷於某種渾沌的狀態，認為自己沒有能力跳脫累積多年的惡性循環，於是就這樣持續被困在原地。

心理學有一個名詞稱為「自我破壞」（self-sabotaging），為了避免面對失敗，一直讓自己不斷陷入偏離正軌的負向經驗。其實，很多時候是因為你根本沒有主動採取策略、未將心思放在解決自己的困擾上，或用了錯誤的方法，好比說，再找下一個不適合的對象（或與類似的對象曖昧）、錯誤投射感情。

有時候，可能是你尚未覺察過往經驗的影響，而過度地責怪自己：「我就是無法好好發展關係」、「我就是不被喜歡」、「我就是無法控制情緒」，因為你不知道根源所在，導致這些非理性負面想法揮之不去。最後，你的內在小孩

反覆地受傷，導致你越想忘記痛苦，越是引發更多的痛苦。

試著回顧，從早期的家庭經驗到過往的戀愛模式，當你表達憤怒、恐懼等情緒時，會收到哪些回應？指責、忽視、還是關愛？當你需要被安慰、被注意時，你能安全地表達嗎？你得到的回應是否一致？還是充滿矛盾？

或許你會發現，自己因為在童年時受到負面的回應，以至於長年以來，內在小孩一直都覺得自己是個「做錯事的孩子」，永遠覺得是自己不夠好，充滿愧疚、容易放大缺點、無法自我接納以及缺乏價值感。長期的自我批判，讓你不停地追求關係，但你真正渴望的，其實只是一種歸屬感。

“不論家庭曾帶給我們什麼樣的過去，如果我們不學習覺察，任由負面信念吞噬心靈，受傷的還是自己。”

對上述處境有所意識後，你可以運用以下四種方式，展開內在小孩我療癒。

✦紙上描繪

心理學專家史蒂芬妮·史塔爾（Stefanie Stahl）在《童年的傷，情緒都知道》提到在紙上描繪的方法，首先找張空白紙畫下小孩輪廓，左側右側分畫下父母（或主要照護者），接著可以按照以下步驟：

1. 回想一個和母親或照護者一起經歷的不愉快，可能是被藐視或是羞辱，讓你產生需求沒有被認真對待的感覺，根據這個情況找出一些關鍵字，描述你的母親或照護者是怎麼樣的人。
2. 思考自己在家中扮演的特定角色，像是需要讓父母引以為傲、在父母間扮演溝通橋樑、充當母親的朋友等。在這些角色中，父母會用哪些慣用的話，比如：「你就是不懂得上進。」「我這樣都是你害的！」「等妳媽回來再說。」

3. 再來，於小孩頭頂畫上連接左右側父親與母親的線，寫下他們的關係，像是「常吵架」、「生活沒交集」等，覺察它們，並進一步與自己展開心理對話。

✦心理對話的調節

試著聯想父母的行為在你身上喚起什麼記憶，他們是否無意間在你身上建立負面信念，成為你自我對話的方式，並覺察它們如何影響你的身體與心理。比如：長期看到身為家庭主婦的母親緊張兮兮，害怕自己成為她的負擔；為了滿足母親期待，你更渴望成功，所以當考試失利、工作面試未錄取時，便特別容易對自己感到失望。當然，你還可以特別注意父母的情感相處模式，是否也影響著你在感情關係中的行為模式與思維。

✦書寫日記

在每次出現負面信念時，記錄你當下出現的感受，比如：肩頸緊縮、心跳加速等等，看見自己的生活如何被這些不理性的聲音綑綁住。並且，試著寫下你想和內在小孩所說的話，像是：「現在你是安全的。」「父母並不是故意傷害你的。」「你仍值得為你自己創造健康與陽光的關係。」

✦睡前冥想

感知到負面情緒帶來的影響之後，不要讓自己持續沉浸在其中。史塔爾特別提到，要避免陷入負面狀態過久。因此，請記得適度地淨化自己，讓睡前冥想成為你的助力。躺下以後慢慢呼吸，專注在呼吸節奏上，如果腦中突然出現其他想法就讓它過去，重新回到你的呼吸，有耐心地從3分鐘、5分鐘，每日逐漸增加，直到持續15到20分鐘。

在日常生活中持續地覺察、展開內在對話，有助於你清理過去的負面記憶，同時將你的信念調整為：「最終陪伴我的，還是自己。」

請記得，失調的早期經驗並不代表你無法建立安全的依戀和健康的關係。意識到它們，用你的意念釋放憤怒、罪惡感，能喚醒內在的力量，相信你能吸引任何所你想要的，以及更多的事物，並且當個成熟的大人。最終，相信你能再次為自己建立一段溫暖的關係。

療傷
悄悄話

愛情不是止痛藥，
你可以用更多方法建立起具安全感的關係。

1 避免落入受害者心態

在關係中學習辨識你的情緒經驗。快樂、傷心、憤怒、恐懼、厭惡、羞恥、焦慮，特別是那些讓你感到「羞恥」的關係。請不要評斷這些情緒，去除把自己當成受害者的心態。

2 學習更準確解讀對象給你的回應

在安全、安定的環境裡，體驗自己的情緒反應，並且了解背後的成因。隨時意識到你所選擇的對象，他們是否讓你想起過去的不合理關係。

3 從心智找回力量

受傷的你，是否有無法放下的人，甚至怨恨他們（包含照顧者、前任）？那些怨恨與悲情的折磨是否掩蓋了你的心智，讓你出現報復或自我懲罰的行為？請記得唯有寬恕才能奪回自己的力量，幫助你回到平靜。

07

遇見焦慮型伴侶，註定是內耗的開始？

剛結束一段感情的L，最近與一位潛在對象曖昧中，卻發現對方流露出與前任類似的「焦慮型依戀」特質，導致她不確定是否還要繼續發展下去。擔心若兩人交往，對方是否又會如同前任那樣傷害自己？

由約翰．鮑比（John Bowlby）提出的依附理論中，「焦慮型依戀者」在嬰幼兒時期，其父母或主要照顧者可能有前後不一致的行為，面對嬰兒的需求，時而給予回饋，時而置之不理，讓孩子無法確認自己是否被愛。除此之外，焦慮型依戀者的父母還可能會有咄咄逼人或過度保護的傾向，有時候會要求孩子滿足自己的期待，使他們發展出矛盾的依戀風格。

✦焦慮型依戀者的特質

- 成年後害怕獨處，情感需求上較依賴他人。
- 容易在關係中，覺得自我價值感低落，焦慮而缺乏安全感。
- 如果被所愛的人拒絕，或者需求無人回應時，便會將責任歸因於自己。
- 需要不斷證明他們值得被愛、自己夠好，同時也強烈害怕遭到遺棄。

這些原因，會導致焦慮型依戀者對伴侶產生嫉妒或懷疑，而害怕被拋棄的恐懼也會使他們變得絕望、產生過度的依賴，難以一個人獨處。

前任為了要引起L的重視，經常會用激烈的言語傷害她，「為了讓他不要覺得被拋下，我開始更有效率地完成工作、安排約會時間，卻因為一次優先安排了朋友聚會，而被前男友指責。」再多的付出都遠遠不夠，因為對方總是會從中挑出「你不夠愛我」的證據。

在這段關係之中，L也總是扮演安撫者的角色。時間一久，L對感情不免越來越消極，窒息感也讓她的靈魂逐漸被掏空，她納悶著：「兩個人在一起，明明是要帶給彼此生活正向的發展，為什麼最後卻因為要照顧對方的敏感情緒，而無止盡地內耗自己？」

理解焦慮型依戀者的內在狀態，你的角色不是拯救者

即便你可以充分同理對方，也能照顧好自己情緒、接受每個人都存在個體差異，也請提醒自己：你的角色是「伴侶」，而非「拯救者」。

觀察一下你與伴侶是哪一種依附類型

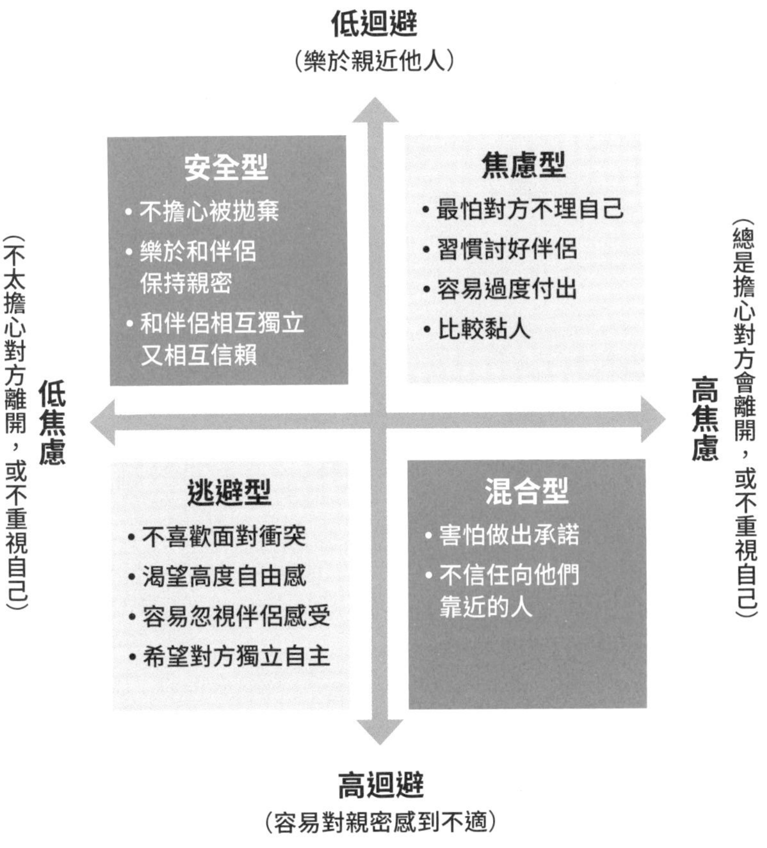

資料來源：約翰．鮑比（John Bowlby）依附理論（attachment theory）。

真正能撫平傷痛的人不全然是你，或許對有些人來說，與焦慮型依戀者交往的初期，會沉浸在「被需要」的滿足感中。當然，在身心狀態良好時，你的確可以做好一個OK繃的角色；但當你面對其他外在的衝擊（如：工作轉換、家庭變故），或是你的個人生活開始受到負面情緒影響時，雙方關係可能就會分崩離析。

面對焦慮型依戀者，你需要做的準備

倘若你目前的對象也是焦慮型依戀者，正思索著是否要繼續維持這段關係，內心有著些許不確定，那麼，你可以做些什麼樣的覺察與行動呢？

✦你願意嘗試「把愛說出口」嗎？

面對焦慮型伴侶，你需要有隨時接住對方的準備，因為對方的焦慮特質，會讓他更容易陷入「是否被愛」的自我懷疑裡。若你愛著對方，除了在日常表達關心與陪伴，更要試著把愛說出口，對焦慮型伴侶來說，非語言與語言的表達都很重要。

美國婚姻治療師蓋瑞·巧門（Gary Chapman）在他的著作《愛的五種語言》（*The 5 Love Languages*）中提到，每個人心裡都有一個愛之箱，當這個箱子被填滿時，便會感到安心與滿足，不過每個人習慣表達愛與接收愛時所用的方式各有不同，包含肯定的言語、精心的時刻、貼心的禮物、服務的行動、身體的接觸，所以你需要進一步確認對方真正的需求。

此外，佛羅里達國際大學心理學教授麗莎·阿朗葛（Lisa Arango）也強調，確保言行一致很重要[10]。**如果你的言語或禮物沒有以愛的行動來支持，而使得你的言行不一致的話，伴侶仍無法信任你的感情。**

比方說，如果你原本答應今天可以撥出時間陪伴對方，後來卻跑去找朋友，那是不是也表示你說的愛可以反悔呢？這就是當伴侶言行不一時，焦慮者會出現的心聲。

✦你可以投注多少時間與能量在對方身上？

如果沒有足夠的自我調適能力，你能夠持續滿足如此高需求的伴侶嗎？現階段的你，心智是否已經足夠成熟到能夠不因為對方的索討，而犧牲自己？若你願意和他一起磨合、共同成長，在這段關係中，你需要的具體作為如下：

- 提醒自己需要有耐心、保持情緒穩定。
- 仔細聆聽對方的需求。
- 頻繁地確認對方的感受，以及是否需要你的幫忙或陪伴。
- 幫助他在某些情節中駁斥非理性的想法，驗證所擔心的事情並沒有發生，比如，你的已讀不回是真的沒看到訊息並非覺得厭煩而忽略，在你忙完以後仍然會回播電話關心。

上述幾點中，你有信心做到多少呢？當然，關於第一點，足夠的愛能讓你擁有更多的耐心來接住對方，但如果尚未做好心理準備好，就別輕易進入這段關係。

療傷悄悄話

一段感情需要兩個人的付出，而不是單方面的討好。適時做出一些調整，避免過度耗損。

1 主動溝通，避免誤解

對方的挑剔，並不代表你的付出一文不值，可能是你剛好遇到的對象，在關係經營上有特定的眉角。你可以透過一些方法，如：給予更明確的回應，互動中多加留意，以減緩彼此的耗損。

2 堅定信念，守護自己的能量

經營感情關係與個人生活，都是你一輩子的課題，因此，當身心疲憊時為自己設定停損點，並不是自私絕情的表現，而是守護自己持續能愛的力量。

3 為自己重整生活的良機

與焦慮型依附者相處時，由於他們需要更多的安全感，如果你的生活本身一團亂，自己都無法掌握時間安排，就更別說兩人生活了。為了避免伴侶更加焦慮，你可以透過一些方法，比如規劃共享日曆，讓彼此可以主動提出可約會的彈性時間。

08

愛上逃避型依戀者，終將陷入一追一跑？

「我需要躲進自己的世界一陣子。」這是S最害怕聽到的一句話。

S與男孩剛認識時，深深被他的藝術家氣息所吸引，加上對方性格非常溫暖，讓單身許久的S，享受著男孩的殷切對待。知道S喜歡寵物，他就時不時送上療癒的寵物影片；當S工作不順遂，他就陪著一起大吐苦水。很快地，陷入情網的S便主動丟出直球，與男孩走入穩定關係。

沒想到，交往才幾個月，兩人的關係已不如初識時美好，男孩的態度轉為冰冷，關心與問候都日漸平淡，只要一吵架即陷入冷戰。不再為戀愛一頭熱的S，逐漸清醒過來，也讓她意識到男孩有著逃避型依戀的傾向。

根據美國知名醫療網站 WebMD 整理，**逃避型依戀有幾項主要的特質：**

- 無法妥善表達或感受他們的情緒。
- 不想依賴伴侶。
- 習慣拒絕他人的幫助。
- 避免與人太過親密而讓自己受傷。
- 害怕結交太黏的對象，且認為個人自由比伴侶關係更重要。

美國臨床心理師麗莎．凡士通博士（Lisa Firestone Ph.D.）提到，逃避依戀的成因，通常是嬰兒時期的需求被父母或主要照顧者忽視或拒絕，導致他們以後想建立關係，卻又同時拒絕表現出對親密情感的渴望[11]；他們傾向於在情感上獨立，習慣與伴侶保持一定距離，專注於自己，並且將自身的優先順序置於伴侶之上。

總體來說，逃避型依戀者恐懼在一段關係中失去自主和自由，滿足於照顧自己，覺得不需要他人。因此，他們會傾向尋找同樣獨立的伴侶，即便進入一段關係之後，也會為了重獲自由，變得比較容易無視伴侶的感受。

S對此也有所覺察，然而，她認為關係需要經營，所以仍希望積極與男孩維繫感情，於是提出了每週看一場電影的約定。初期對方還能配合，但時間一久，男孩逐漸表現出不耐煩的態度，以「我需要自己的空間」來回應S。

另一方面，他也把事業放在第一順位，工作結束後只想獨處。S表示自己可以理解：「畢竟他需要擔心公司狀況以及部屬的家庭生計等等，我本來就應該多包容他一些。」

嘴上雖這麼說，但S依然渴望在一段美好關係中感受到愛，但逃避型依戀傾向的男孩卻總是說：「我可能無法做到伴侶應盡的責任。」這讓S更加納悶：

「我明明就沒有真的要求他做什麼，為什麼他還是會想逃跑呢？」

把注意力拉回到自己身上

許多人遇到逃避型對象時，會把問題聚焦在「對方」身上，但沒有人能全然地理解他人的處境。如果狀況未能改善，你會漸漸覺得問題都在對方身上，而不停想著：「該如何改變他？」「要怎麼做，他才明白我要表達的事呢？」

“你可以盡可能去同理伴侶，但更重要的是先關照自我，成為自己的支持。”

假如對方持續不回覆訊息，但你卻急於希望他給出解釋，只會將距離越拉越遠。你該做的，是先回到自己身上，觀察現在的心情狀態是否平靜，尤其在與對方互動時，若你情緒不穩定，則容易產生「踢貓效應」（Kick the cat effect），而將焦慮感和壓迫感傳染給對方。

當你遇上逃避型依戀者，並為了對方的無視感到沮喪時，那麼，你更需要清楚知道，由於對方渴望著自由，無法全然付出，且避免親密，與戀人維持一定距離是他們在關係裡的生存之道，如此一來，他才不會傷及自己。

此外，如果你意識到自己經常受到類似的人吸引，即便經歷過失敗，仍不斷遇上同類型的對象。你首先要思考的是：**為什麼我會經常陷入這樣的循環、被這樣的人所吸引？**

你是焦慮型依戀者嗎？

在許多心理學研究中提到：焦慮型依附者容易戀上逃避型依戀者。傑佛瑞・D・鮑恩（Jeffrey D. Bowen）與默黎・吉拉斯（Omri Gillath）在研究[12]中發現，焦慮型者特別喜歡那些欲擒故縱，感覺很難親近的對象，而這也剛好是逃避型依戀者的特質。

另外，《依附》（*Attached: Are you Anxious, Avoidant or Secure?*）一書引述明尼蘇達大學學者佛里・辛普森（Jeffry Simpson）的研究也提到，**焦慮型依戀者（尤其女性）更容易和逃避型依附者（男性）約會**。

你的依戀風格是否屬於焦慮型？害怕被拋棄的你，需要不斷向對方確認這段關係，即便你已經盡可能降低這樣的行為模式，對方卻依然感到受壓迫。

那時候的S抽到「**恐懼**」的牌卡。她坦然說出，在關係之中的互動模式：「我的恐懼來自於擔心對方不愛我，而不斷確認關係，也讓對方一直感受到無形中的壓力。」

如果你也曾有過類似的擔憂，觀察一下逃避依戀者身上，是否有你所缺乏的特質，而深深吸引著你？

面對逃避型依戀者，你需要做的準備

因為忍受不了對方的迴避和消失，最終決定分開，內心不經納悶：難道遇上逃避型伴侶就注定是一場失敗的戀情嗎？

每段關係都能讓人成長，你如果也和S一樣，對一追一逃的感情狀態有所覺察，也願意讓自己做出調整，不想因此而放棄，以下提供幾個具體的行動方案：

✦討論彼此對親密關係的需求

相對於安全型或焦慮型依戀者，逃避型依戀者所需要的親密度比較低，如果你自己是偏向焦慮型，可能會想要持續與對方溝通並建立連結；但是對逃避型的人來說，他們卻害怕伴侶過度依戀。請記得：**維持低度的互動並不代表他們不愛你，只是你們對親密的需求不同。**

澳洲心理學家阿歐娜（Ahona Guha）提到，任何依附關係，無論是柏拉圖式還是親密的，都需要時間來建立平衡。慢慢了解另一個人，當一方能建立起安全感，另一方也能因此感到安全[13]。試著討論出雙方有共識的互動頻率吧。

✦以更多的同理與耐心回應對方，取得平衡

在意識到彼此需求不同之後，假設你的主動沒能得到對方回應，或許他只是「還沒準備好」，此時，你不需要用任何手段引起對方注意，那只會讓他更想逃跑。

✦ 支持他們，而不企圖改變他們

最後，逃避者最大的痛點是「難以分辨自己的情緒」。近年來許多研究都顯示，當我們能夠辨識情緒，將可以更有效地管理情緒。試著鼓勵你的伴侶辨識、表達情緒，或進行自我探索、尋找療癒的方法，如果不願意也不要強迫他。當然，若是逃避者對你造成太大的痛苦，最終你也能決定彼此是否還要繼續前進。

「唯有當你了解什麼不是愛，你才能真正準備好體會什麼是愛，也唯有到那時，你才會遇見有勇氣愛著真實的你的那個人。」

——凱特・蘿絲（Kate Rose），藝術治療師雖然一段感情最重要的是建立關係，但也別忘了你需要更認識自己。像是S在這段關係中，終於有機會覺察到自己的依戀，理解自己與對方的個體差異，接受彼此間有著互相吸引、卻也有難以交流之處。

在陪談後，S決定調整與對方互動的方式。不管未來與男孩還會走多久，她明白現階段更需要的是自我陪伴，進而緩解自己焦慮型的依戀模式，同時也一步步摸索自己在愛裡的需求。

藉由日常的內在對話，優先照顧好情緒，成為自己的心靈陪伴者。面對未來，也就不會再感到害怕了。

療傷
悄悄話

若你也容易對關係缺乏安全感，可以逐步透過以下練習來改善。

1 先釐清自己的依戀類型

拿一張紙，用條列式的方式寫出自己在愛裡的需求，像是：希望有人陪伴、有人分享你的喜怒哀樂、拓展生活圈等等。

2 學習自我照顧

慢慢將生活重心轉回個人生活，保持充足睡眠、滋養的飲食、規律地運動，而不是找一個讓你傷口越破越大，或是無法同頻共振的伴侶。

3 在心有餘力時，檢視自身的過去

從童年經驗、家庭、學校到歷任關係，有哪些事件埋下了讓你低自尊與不安全感的種子，以致於你害怕自己不值得被愛、自信心缺乏？進而導致你期望用約定俗成的方式，將兩人綁在一起，透過完成特定活動，以獲取安全感。試著找信任的朋友或者與諮商心理師聊聊你的想法。

4 透過靜心思考或書寫的方式，讓自己保持安定

為自己梳理過去，並將內心所思所想自由地書寫在筆記本上。且在生活中，盡可能與安全型依戀者相處，讓你遠離曾經被拋下的陰影。

即便現在的你，依然深受逃避型依戀者的自由瀟灑所吸引，但你需要知道，他們害怕定義一段關係，如果繼續發展下去，伴侶對他們日漸增加的期望，終將使他們總有一天無法應對這股壓力。長久下來，這段關係可能會對你造成更大的傷害，而這卻不一定是你所要的愛。

第三章

越相愛越寂寞？找回關係的平衡

——進入磨合期，你們需要的是相互理解

世界上唯一不變的就是分秒都在變動，
只要還在同一面鐘上，
維持好各自的速率，我們都能做成熟的戀人。

09

兩人溝通到最後，卻只剩下指責與抱怨

從曖昧到交往，濃情蜜意的情話總讓人心跳加速，隨著關係進入穩定期，衝突卻屢屢發生，你們開始爭論不休，也讓溝通逐漸失效……

R最近在工作上遇到瓶頸，加上和伴侶之間的溝通越來越多摩擦，讓她變得更加焦慮。為了全心全意聚焦於工作，R決定把感情暫時冷處理，上班時間不讀不回訊息，也盡量減少下班時間與伴侶的互動，避免能量再度受到消耗。

但是，冷處理的做法並沒有緩解兩人的關係，反而為彼此帶來了更多誤會。R開始感到迷惘：這樣的關係還有沒有繼續下去的意義？

其中，讓R最困擾的，是雙方的溝通常常不在同個頻率上，總覺得「對方不懂我」。不僅R如此認為，伴侶也對她說過同樣的話。R說：「這件事讓我滿受傷的，我們在一起卻無法互相理解，比起一個人還要孤單。」

其實，R和伴侶在一起沒多久之後，便已經感受到雙方在互動模式上有所落差。一開始對方很有耐心聽她說話，也常常對R的發言表示贊同，讓她感到被支持。然而，在最近一年，雙方的衝突開始增加，有時各自堅持己見，不願退讓；有時連分享對同件事情的觀點也都可以吵得不可開交，更別說好好進行對話了。

爭吵的背後有哪些潛在原因，又該如何讓對話帶來正面的影響，促進關係成長呢？

無法互相理解，溝通變成辯論大賽？

有時候，爭吵到後來，往往不是為了取得共識，而是淪為互相指責、批評彼此的想法，盡所有努力就是想「吵贏對方」。導致花了很多時間在無效的辯論上，卻沒有辦法討論出結果。

至於為什麼會想要和對方爭出勝負？這背後可能源自於**雙方都有較強的保護機制**，想要取得優越感卻沒有人願意認輸，尤其是在衝突過程中某些缺點被挑出時。阿德勒在個體心理學中提到，優越感的展現，可能來自於**自卑心的過度補償**（Over-compensation）[14]。

每個人都有不同程度的自卑感（inferiority），而優越感即是自卑感的補償。換言之，每個人在嘗試追求卓越、完美和成功的過程中，會通過「補償行為」來克服個人的缺陷。根據我們如何面對自卑感的方式，可以分為「適當補償」與「過度補償」。

「適當補償」：例如某些人因為學科能力不佳感到自卑，但透過其他領域如體育、專業技藝一展長才，以彌補自卑感帶來的焦慮不安。

「過度補償」：像是某些人由於社交能力不佳而懷有自卑感，在取得權位後卻變得盛氣凌人。屬於較為極端的現象，因為過去有所欠缺，所以現在要加倍得到或奉還。

為了在關係中降低焦慮，心理上會呈現出「想要永遠占上風」的姿態，來彰顯自己是贏者，於是雙方只要一點小意外就會陷入激烈爭吵。像這樣為了取得優越感，背後可能是自卑情結（Inferiority Complex）在作祟。當然，這樣的情況不只會體現在關係之中，工作、同儕相處上都會引發，然而在親密關係中互動的機會較高，也讓衝突的機會提升，若能即早看見失衡與不安的根源，對個人成長來說都是好的。

發生衝突時，除了激烈爭吵，也會發生「冷戰」。高自尊的自卑者會傾向按兵不動，不主動求和，只想等待另一方開口，以顯示自己是獲得勝利的高位者。不過，這並非健康的相處狀態，長期下來會讓某一方持續感到挫敗，而失去溝通的信心。

如果雙方願意覺察，有意識地跳脫激烈衝突，才有可能改善僵局。以下三種方法可以讓溝通有效地推進。

✦不預設立場，聽出情緒背後的訊息

我們之所以無法好好聽對方說話，很多時候都是因為「帶有預設立場」，把過去的經驗套用在對方所描述的情況，但這樣的回應，很可能會出現不理性的字眼。例如：

「反正你本來就是懶，這次的旅行也不用指望你規劃行程。」

「一定是你弄丟的，你老是忘東忘西。」

「你的理解力不太好，想必聽不懂我在說什麼吧？」

若要達到有效溝通，我們應該轉換回應的方式，捨棄偏見、不妄下定論，同時也多加觀察對方的情緒。

比方說，當對方在抱怨工作時，他的情緒是厭惡、憤怒、焦慮，還是恐懼？若對方顯露出焦慮的情緒，表示他需要的是心理上的安慰。此時，如果你建議他離職，反而容易加深對方的焦慮。你可以試著給對方一些空間，不用對他的情緒產生太大的反應，甚至暫時迴避，讓他一個人獨處。

✦善用「我訊息」溝通，減少針鋒相對

溝通經常淪為爭論還有個重要原因，就是談話中感受到「被指責」，導致「被指責的一方」因為不服輸而不斷展開反駁。

下次溝通時，不妨從「我訊息」開始練習。我訊息（I-message）是由心理

學家托馬斯・戈登（Thomas Gordon）提出的概念，「我訊息」相較於第二人稱的「你訊息」，不會把責任推給聽話者，有助於關係中的積極溝通，還能讓你將心裡話說出口，不再自我壓抑。

我訊息的溝通有三大元素，包含：

- 具體事件承述。
- 我對此事件的感受。
- 我的期待。

如果你最近很累，伴侶卻在大半夜還開著燈打遊戲，影響到你的睡眠，原先的「你訊息」可能會說：「你這樣不睡覺吵到我了。」對方一感受到被指責，防禦機制便會啟動，翻起舊帳反駁：「你之前不是也很晚睡？」

但如果改成「我訊息」，則是：「我最近加班比較晚，如果沒好好睡覺隔天會很累，希望最近晚上我們可以早點休息。」除了完整表達自身的感受和需求，也能降低對方因為感到被指責而回擊的衝突發生。

當然，不是所有以「我」開頭的敘述就是我訊息溝通，比如「我討厭你這樣不貼心」就是在責備對方，無法帶來正向溝通。記得有意識地在日常生活中練習，覺察自己是如何使用，以及帶來什麼樣的效果。

✦調適壓力

壓力調適對個人的身心發展相當重要，在與伴侶相處互動時，更要對此有所意識。溝通是否有效，與雙方的能量狀態有很大的關連。

因外在壓力而導致的焦慮、急躁、怒氣，會使我們將負面能量帶入雙方的對話裡，也無法理性地做出決策。**如果想要好好溝通，挑選對彼此來說都舒適的時間與空間就非常重要。**如果你目前的身心狀況需要調適，不妨主動向對方提出建議，另約溝通討論的時間。

療傷悄悄話

若能調整認知，勇於開啟對話之門，你就不會再害怕與伴侶溝通而受傷。

1 衝突無可避免，暗自受傷不如積極練習

如果因為害怕衝突而選擇放棄溝通，甚至對伴侶感到失望，但最終你仍然會發現，任何長久穩定的關係都需要一再磨合。與其消極以待、逃避問題，不如與伴侶共同學習溝通技巧，並隨時回顧你們的進步，如：「更能理解對方表達的本意」、「更快找到解決問題的共識」。

2 比起追求默契，更需要互相確認

默契是可遇但無法強求的。有太多外在因素變化會影響我們的意念與想法，而過去和現在的狀態也可能有所差異，如果全然依賴默

契，欠缺了非語言溝通，多少仍然會有理解錯誤的時候。在已培養的默契中，仍要記得與對方進行「核對」，以減少彼此認知的落差。

10

遠距關係百事哀？不在身邊也要過好彼此的生活

走過遠距關係的伴侶，通常感情的韌性會更上一層。然而，多數遠距關係連散場擁抱的機會都沒有，禁不起時間和距離的考驗。

G與伴侶是遠距戀愛，兩人在生活上都非常獨立，最近卻面臨到感情的停滯期。幾個月前，G的伴侶到英國讀書，善解人意的她，為了讓對方能恣意享受留學生活，除了約定好視訊的時間之外，通常不過度打擾。有時，對方因為有聚會再加上時差問題，無法如期聯絡，G也不曾有半句怨言，只是體貼地讓男友多休息，等有空時再聊。

不過，隨著時間越久，對方失聯的狀況越加頻繁。每每遇到這種情況，G的內心便陷入天人交戰：「到底要不要向他坦白說出自己的失落與擔憂？」

然而，G因為不想引起對方的反感，還是選擇裝作沒事，繼續過生活。工作之餘，G也盡量讓自己不要落單，經常參加朋友的各種社交聚會，心想著總比一個人獨處、被動地等待要來得好些。至少和一群人度過，多少能填補空洞的時間。

但，這樣的填補終究只是把行程塞滿，內心的空虛依然無處安放。

每當到了對方起床時間，G就會開始漫無目的地滑著手機，不停查看對方是否有發布限時動態分享行蹤，又一邊跳至通訊軟體確認先前發的訊息是否已讀。內心止不住的想念，卻抑制著自己不去打擾對方，像是一腳踩著煞車，一腳踩著油門。

Ｇ和閨蜜傾訴這樣的矛盾，而姐妹們卻勸她放手，建議她另找其他更好的對象。但這樣反而成為她的壓力，因為她內心仍想努力維持這段三年的感情，而非把它一夕割捨。

遠距離愛情的難度在於，摸不到對方的心意

許多人在經歷遠距關係時也和Ｇ一樣，面對伴侶的轉變，不禁懷疑：「對方不主動聯繫，是不是不愛我了？」或者容易以見面的次數、實際的相處互動來作為對這份關係的評價。

在兩個人感情發展基礎相對不穩固，或在一起時間不長即進入遠距關係，尤其會感到難以調適；即便是交往許久的關係，在遠距後也都需要一段適應期。

二〇一二年丹佛大學的一項研究[15]，追蹤了八百七十位遠距離戀人，原先大多數的人對關係充滿信心，甚至認為會與對方結婚。但在大約五個月後的調查表卻顯示，其中五分之一的戀人已經分手，超過半數的人認為，在開始遠距離關係前並未意識到需要對感情有更多的耐心。

「你在哪裡？」「跟誰一起？」「為什麼還不回覆訊息？」在承諾的時間裡等不到對方的回應，彼此也不是一通電話就可以到得了的距離。難以見面、雙方投入感情的程度落差、無法真正擁有兩人相處的時間，都是遠距離戀愛的副作用。

然而，我們不可能期待一段因距離改變後的感情還能維持原貌。就像是水在大氣中有三態，即便都是水，處於不同的溫度範圍，就會呈現完全不同的型態，就連如此簡單的物質都會隨著環境發生變化，更何況是建立在人性上的愛情呢？

遠距戀愛的三個處方

在一段關係中，本質還是不變的兩個人，隨著外在環境的改變，也會面臨轉化階段。面對這樣的轉化，除了要做好心理建設，彼此也要有相處上實質的調整。

✦主動聯絡對方，支持對方正在做的事

遠距離戀愛尤其需要建立起安全的信任與依賴關係，在見面頻率低的前提下，更需要有意識地維持互動頻率。如果正在忙碌或是遇到重要事情，必須事先通知對方，若發現對方忘記或是延遲時，也可以善意地提醒。記得讓對方感受到所做的事情都是被支持的，讓彼此內心保有安全感，進而拉近心理上的距離。

✦分享正向經驗

遠距關係的維持，需要雙方更加主動地向彼此分享生活，如同關係專家納撒尼爾·蘭伯特（Nathaniel M. Lambert）等人的研究[16]顯示，**人們若習慣和親近的伴侶或摯友分享發生在自己身上的好事，通常會對生活感到更快樂、更滿意。**分享自身的快樂能帶來更多的快樂，為彼此的關係帶來正向循環。哪怕只是一件很瑣碎的小事。就算分隔兩個城市，沒辦法在一起吃飯生活，仍能透過這樣的交流，感受到對方的愛意與溫暖。

✦維繫關係的同時也必須專注在自我

遠距關係難免讓人充滿不安，而這樣的不安全感，也會讓你和伴侶之間產生「心理距離」，如同G因為擔心對方厭煩而不敢打擾，反而讓兩人之間有了更多隔閡。另外，也有些人（尤其是焦慮型依戀者）因為缺乏安全感而質疑伴侶，引起雙方更多的爭執。這兩者背後都是基於害怕失去這段關係所致。

在此可以思考的是，為什麼你會感到害怕、缺乏安全感？是擔心自己或對方移情別戀，被其他人取代嗎？還是身邊出現了讓你心動的對象，內心產生了罪惡感？

如果是前者，或許是你對自我缺乏信心，不斷糾結於思念對方的心情，才讓你更難發揮自我價值感，無法專注在個人生活上。假使對方已經建立起新的人際關係以及知識成就，你也應該試著往前踏出一步，學習新事物或是找尋讓自己心靈有所依歸的活動，追尋理想的生活。

如果你是焦慮於後者，那麼，雙方都需要重新去思考這段關係之於你們的意義。

遠距若是試煉，它考驗的是：關係對彼此的意義

遠距難以支撐，可能是這段關係的意義對你們來說還不夠深入，彼此對未

來沒有太多思考，欠缺實質或是心理層面的「承諾」。心理專家艾瑪．達吉（Emma Dargie）等人的一項研究[17]也提到，在遠距關係中關係確定性越高，親密感越高，更能顯示出承諾的重要性。

在變成遠距離關係之前，兩人住在同個城市，雙方約會見面是相對低成本的事，而你們也能透過當下的互動相處，為彼此確認這段感情真實存在。一旦無法見面，或是見面次數降低，不管發生任何開心與悲傷的事，都比較難以互相分享與分擔。

然而，假使你們希望共同建立長遠的目標與未來，願意給予對方承諾，這段關係對彼此來說，便有了更深長的意義，也能夠更加安定牢固。即便需要做出極大的改變來適應遠距關係，雙方都能暫時放下伴侶不在身邊的遺憾，耐心繼續生活。因為你深知這段關係的意義除了當下還包含了未來，眼前的日子只是過渡期，一旦跨越就能晉升到下一段里程。

「一個人知道自己為什麼而活，就可以忍受任何一種生活。」——尼采，德國哲學家

正在遠距離戀愛的你們，是否仍對這段關係充滿期待呢？試著給彼此一點時間去思考，你們的感情是建立在什麼樣的基礎之上，而怎樣的未來才是你們真正所想要的？幫助自己和對方一起核對、釐清，你們之間是否擁有長遠的共同目標？

在未來的人生，你們會是彼此的長期好隊友嗎？不要畏懼，勇敢直面內心，展開探索的旅程吧！

療傷悄悄話

進入遠距關係之後，請為自己按下重新整理鍵，調整新的姿態，幫助你建立起當前的踏實生活，望向長遠的未來。

1 忠於心底的聲音

沒有人能代替你來思考這段關係之於你的意義，或許你會受到旁人的影響和迷惑，但這段感情的經營與否掌握在你們的手裡，若對未來感到迷惘，最合適的方式還是和對方溝通，而不是獨自揣測或是單純依靠第三方解惑。

2 遠距離的自我陪伴練習

透過書寫日記，讓你的潛意識專注在自己的生活，將能幫助你實現新的計畫。寫下你未來的目標，並將完成進度記錄在日記中，增強你持續往前的動力，不論伴侶是否在身邊，你都可以相信自己擁有強大的力量，足以過好你的生活。

3 尋求傾訴的對象時請避開好批判者

如果真的想找朋友談談，建議你慎選傾訴的對象。有些朋友個性強勢、愛好批判，容易給你太過主觀的建議，反而會加深你的自我懷疑、削弱信心。最好還是能找個同理心強，願意包容、陪伴你的支持者。

11

一吵架就先低頭？蠶食愛情的不對等關係

溝通時無法平等對話，甚至是承受伴侶的予取予求，不知不覺，彼此之間已出現無形的高低位階，你感覺自己越來越卑微，變得處處討好對方。

M提到在與另一半相處的過程中，總覺得窒礙難行，不僅難以好好表達自己真實的想法，遇到爭執時，也無法坦然說出內心在意的事情。每次吵架都是自己先認錯，M說道：**「其實我也知道自己算是有點高攀對方了，但一開始相處時，明明彼此的頻率都很契合。」**

M與另一半是透過交友軟體認識的，不管是聊天還是約會時都很愉快，交往後也經常一起探索美食、聊著Netflix上熱播的美劇，比賽必看清單誰的達成率更高，總是有聊不完的話題。M曾經想過，因為兩人的年齡差距、所處工作環境等差異較大的關係，而讓自己在這段感情中相對自卑，形成一方強勢、一方弱勢的不對等關係。

為了找回平衡，M想透過牌卡進行更深層的探索，為自己梳理失衡的原因。

當摯愛變成窒礙：關係失衡與伴侶條件差異無關

第一張牌卡抽到「枯竭」的M，開始聯想自己的狀況，一針見血地顯化近期的關係痛點：「總是繞著對方轉，反而失去自己，無法好好表達想要說的話。」M的敘說非常接近「枯竭」的背後意義：**犧牲與付出太多，不懂得表達**

自己的想法。這張牌正說明著「失衡狀態」。M猶疑了一會兒回答：「但畢竟對方是真的比較聰明，不僅頂大畢業、工作能力強，觀察也比我更入微，所以我很習慣大部分事情都聽從他的建議。」

《社會與人際關係雜誌》（*Journal of Social and Personal Relationships*）裡有一項有趣的研究[18]顯示，即使伴侶擁有更高的社會經濟地位（positional power），也就是世俗所謂的「條件」，例如賺更多的錢、獲得更高的教育程度、擁有更具聲望的工作等，並不會直接影響關係的互動。

關係的平衡與否，關鍵不是外顯的社經地位，更重要的是親密關係中，兩人的相處能否保有個人權力（Personal power），也就是在雙方的互動模式中，能否擁有平等的話語權。

如果雙方都覺得自己的「個人權力」在關係中得到平等體現，「社會經濟地位」的差異其實就不會對關係品質產生負面影響。相反地，如果其中一方在需要共同做決策時，總覺得自己沒有話語權、感到無能為力，則容易降低關係的品質。

我問M有沒有覺察到在交往階段中，自己溝通時經常採取的應對姿態，像是：是否會害怕對方生氣，而隱藏內心的想法、變得想討好對方等等。M連忙回答：「對！我感覺自己就像是第二張『孤單』牌卡上的那個小女孩，常常覺得自己蜷縮在關係的陰影之中。」

M說，每次想鼓起勇氣說出心中的想法時，總擔心被對方忽略，最後，反而習慣性地跟對方道歉、一再讓步，維持著自認為最「良善」的伴侶形象。在不斷的退縮之下，M覺得自己越來越孤獨而渺小。

相信不少人在親密關係中也扮演著如此角色：表面上處於穩定交往關係，卻時常用討好的方式來應對，導致在不斷壓抑的情緒中，產生更多的自我懷疑，進而消磨自我價值與自信心。與其將自己的心門緊閉，不如展開具體行動來幫助關係回到平衡。

找回關係動態平衡，關鍵在於雙方的互動模式

不論是哪種條件背景的人在一起，都可能會關係失衡，重要的是，我們如何於關係中達到「動態平衡」。這正好對應到M抽出的第三張牌卡「看清真相」。

上述提到的關係失衡背後，可能源自於對方慣性強勢的表現，溝通時，總是想以自己的意見為主，導致另一半的無助感與日劇增，而採取默認式妥協的態度來應對。此模式終將成為蠶食關係裡的隱形殺手。然而，M卻認為是雙方無法改變的「背景條件」所造成，顯然這並非核心問題，若深陷其中，只會感到更加無能為力。

「不管你的條件有多差，總會有個人在愛你。不管你的條件有多好，也總有個人不愛你。」

——張愛玲，《半生緣》

從日常對話展開練習

有些人在一段關係中處於弱勢，卻在另一段關係中變得強勢，這是正常的情況。你覺得自己通常在關係中是強勢，還是弱勢的一方呢？又或是針對不同的情境面向會攻守交換嗎？想要找回關係裡的平衡，你可以嘗試以下的練習。

✦致慣性弱勢者

你因為害怕對方生氣、討論時不敢發言，只好被動接受對方的決定。但請記得，沉默越久，就越難鼓起勇氣開口，在長期的退讓與妥協之下，反而不知道該如何與對方共處，為關係埋下一顆隱形的未爆彈。

如果你已習慣將自己的想法埋藏在心中，未來也必須要勇敢地提出來，並覺察自己真正的需求是什麼。此時，你可以從最簡單的生活細節開始。比如，討論到今天約會的餐廳，你可以問問自己此時此刻「有沒有特別想吃或不想吃的」，而不是都由對方提出或主導。

接著進階到其他層次，像是對於互動頻率的共識。舉例來說，如果另一半和你認知到的回訊頻率不同，也不要只是被動等待，而是主動提出討論。一方面了解對方訊息回覆的習慣，擺脫內心的小劇場，一方面讓對方意識到你在安全感方面的需求，並商討出合適的方案。例如：「上班時間可能會先已讀訊息，下班後才一併回覆，晚餐的時間則可以不間斷地聊天。」

從日常相處著手，未來若需要做出重要的決定，就能更勇於向對方表述自己的想法。不論如何，練習「開口」，讓對方意識到你有不同的聲音，且願意接受雙向討論，有助於彼此取得共識。

✦致慣性強勢者

面對低姿態的伴侶，或許你也感受到了一股阻力，困擾於兩人無法平等對話的關係。首先你需要做的，是專心「聆聽」對方，讓伴侶感受到自己在關係中也擁有話語權，能夠參與討論，經驗美好與更為對等的關係。加拿大心理學家索尼婭．艾哈邁德（Saunia Ahmad）等人在一項研究[19]中提到，主動傾聽能讓個人在關係中感到更為平等，有助於增進雙方對關係的滿意度。

如何做到真正聆聽呢？心理專家戴安娜．拉布博士在《今日心理學》（*Psychology Today*）發表的文章[20]引述了一項關於人際溝通的研究，「傾聽中理解」比起「傾聽後回應」能帶來更大的關係滿意度。因此，建議你可以善用**主動傾聽**（empathetic listening）的技巧，除了專注看著對方的眼睛、適時點頭、抛出開放式問題，最重要的是運用同理心，加入「我明白」、「我懂你說的」等語句，讓對方感受到自己被理解。

另外，也請記得，別試圖說服對方「認同」你的觀點。只需要充分或重複表達自己的想法，透過互相聆聽來減緩衝突，你們便能漸漸明白，同一件事情不是只有一種理解、一種標準答案，其實還有更多可能性。

關係不是討好成全，害怕受傷的你，唯有面對自己的脆弱，練習打破既有的互動模式，才能真正在相同頻率中，與伴侶深度交流。或許他是分針，你是時針，這是與生俱來的差異，但就算腳步不同，仍能規律地交疊，若有那麼一天電力耗盡，你們不再有交集，換上一顆電池，彼此仍可各自繼續前行。

幾年以後回頭看這段感情，你終究會懂得，世界上唯一不變的就是分秒都在變動，只要還在同一面鐘上，維持好各自的速率，我們都能是成熟的戀人。

療傷悄悄話

想要走得長久，關係需要動態平衡，以下兩個方法可幫助你校準關係：

1 真實讓彼此更靠近

直視自己的內心，你是不是害怕「被拒絕」、「不被愛」，在關係裡掩飾了真正的自己？找出那些荼毒你的心魔，在相處時展露自己真實的一面，加深彼此的了解。

2 看見自己在關係中的角色

美好的關係需要由兩個人一起創造，沒有誰是絕對的主導者，每個人都有各自擅長的部分。有人善於金錢分配、有人善於旅遊景點規劃、有人善於邏輯分析、有人善於營造浪漫氛圍，都能為關係投注不同的元素。找到你在關係中的角色，為自己建立信心。

12

深愛卻互相傷害，刺蝟式關係教會我們的事

遠距關係充滿不安全感，距離太近卻又讓人焦慮窒息？關係中真正的問題根源並非物理距離，而是我們與伴侶能否處在合宜的心理距離。

疫情肆虐之後，許多公司改採遠端工作，乍聽之下能省去通勤時間，免受上下班交通壅塞之苦，然而在這樣的變遷下，也無形中為關係帶來了壓力。

V與論及婚嫁的伴侶同居，兩人都在新創公司上班，為了要因應居家辦

公，他們一週內將辦公場所搬回家裡，長時間共處一室，沒想到卻引發了更高頻率的爭吵。從家務分工、隔離期間的三餐協調，到作息、睡眠時間等等，雖然只是生活瑣事，但就像是積年累月的塵埃那樣讓V感到不舒服。

雖然同住也有一陣子了，卻是第一次這麼長時間接觸。對V來說，似乎以前都沒有注意到彼此之間竟有這些差異，日日相見才總算看清楚，原來對方會因為壓力而變得脾氣暴躁，對小事斤斤計較，也會放大生活中的不順遂。

V困惑自己是否還能與對方朝向共組家庭的目標邁進，想到未來長遠的日子，腦中浮現的畫面讓V感到退縮。不免擔憂著：以後若需要長時間在家照顧小孩，真的有辦法和對方好好相處嗎？會不會在那之前就把彼此的愛消磨殆盡？如果婚前都已經對同屋簷下的關係有所抗拒，該如何走下去？

居家防疫期間，許多伴侶也在近距離相處下變得互看不順眼，加上沒有戶外活動可轉移注意力，因長期共處一室而感到煩躁與窒息。在這樣的關係裡，兩人該如何維持和諧的舞步呢？

健康的近距離關係，需要心理距離

距離太近，讓我們面對關係產生了死角。談到和諧關係的適當距離，或許刺蝟法則可以提供一些靈感。

刺蝟困境（Hedgehog's dilemma）是由德國哲學家孰本華提出，指一群刺蝟在寒冷的冬天裡，被凍得渾身發抖，他們便緊緊靠在一起取暖，導致彼此身上的刺傷害到對方，因此他們只好再次分開，卻又因為受凍而靠攏。反覆幾次後，最終才漸漸找到最適當的距離。刺蝟效應正是說明了人與人之間相處的適當心理距離。

事實上，當兩人關係靠得越近，越容易產生對方應該要「更懂我」的預期。這種認知偏誤，可以用投射效應（Projection Effect）來解釋。在交往初期，我們普遍認為對方和自己十分相像，會喜歡一樣的東西、具有相同的價值觀等等。

在這樣的影響下，我們也就更容易將任何心事與對方分享，認定對方肯定願意傾聽而且能夠理解，然而，這可能只是來自你個人對伴侶的投射。這會讓我們過於從個人的角度去看待對方的言行，甚至降低了對生活習慣、思維模式等差異的包容度。

不論關係再緊密，每個人都擁有不同的家庭背景、生長環境、性格與工作習性，如果因為心理距離變近就認為對方應該要為自己改變，那只會讓你期望落空而徒增衝突。

「成熟的愛情，是在保留自己完整性和獨立性，
也就是保持自己的個性的條件下，與他人合而為一」
——埃里希·佛洛姆（Erich Fromm）

衝突的背後訊息：「我需要呼吸的空間」

即便與伴侶生活在一起，還是會有不小心忽略彼此情緒的時候，而讓衝突局面加劇。當伴侶在抒發心情的時候，你會不知不覺想以自己的觀點來給出建議，或者推翻對方的論點。然而，這種方式其實是在向對方表達：「你不該有這樣的情緒反應。」

當伴侶因為某件事情而發怒，開始指責你，此時的憤怒不見得是真的有

人做錯了什麼，背後暗藏的可能是焦慮、害怕的情緒。**當距離太近而產生不適感，其中一方需要「呼吸」的時候，可能會藉由負面情緒的釋放，刻意將對方推開。**這樣的反應並不是因為對方太糟糕，而是一種保護自己的應對姿態。

「相看兩厭」有時候反映的是自我內心的焦慮。關係專家蘇珊・溫特（Susan Winter）在接受美國女性新聞網站《Bustle》訪問時也提到，當你發現兩人感到暴躁、想將對方推開或與對方無來由爭論的頻率增加，就是代表關係需要釋放出個人空間[21]。

然而，在同居生活中，我們很難獲得各自獨處的時間，在這種狀況下，則可以透過物理空間的遠近，來有效保持心理距離。心理距離指的是「此時此地某事物與自我接近或遠離的主觀體驗」。根據勞倫斯・威廉姆斯（Lawrence E. Williams）與約翰・巴格（John A. Bargh）的一項心理學研究[22]說明，**心理上的距離感或自由感可以減輕情緒上的不適。**

那麼，騰出個人空間具體可以怎麼做呢？比方說：**不追問行程、不時時黏著對方，以及讓雙方都能擁有屬於自己的空間。**你們可以討論出一個共識，如在臥房、廚房、客廳或餐桌等其中之一作為彼此能夠無壓力處理個人事務，亦或是放空的私人空間。

儘管每對情侶或夫妻需要的時間和空間有所不同，但至少可以利用空間創造**「獨處的當下」**，來沈澱自己，暫時離開對方。這麼做有助於維繫長期親密關係的健康。

在近距離關係中，創造生活儀式感

維持適當距離，不代表兩人就此疏遠、感情失能。其實親密關係的經營來自於「生活」，基本像是分享心情、身體接觸，再進階就是溝通特定議題、規劃未來等。不過，究竟需要投入多少時間在經營關係上呢？專注於親密關係研究的凱爾・班森（Kyle Benson）提出了一項有趣的發現[23]：每週至少投入黃金六小時，有助於增進或維持親密關係。

連續六個小時與對方在一起可能很困難，若能分散在相處的每一天其實就會容易許多，以下是每週黃金六小時的相處參考：

親密的道別：當我們早上出門向伴侶說再見時，應該要每天至少花一到兩分鐘，當然受距離限制，也可以用傳送訊息的形式，讓對方感受到你的關心。（所花時間：一週總計為10－12鐘。）

結束工作後的團聚：在一天的工作結束時，進行簡單的聊天互動，每個工作日大約需要20分鐘。（所花時間：一週總計為100分鐘。）

展現對伴侶的欣賞或感謝：每天花五分鐘，有意識地表達對另一半的欣賞，盡量具體、有情境，舉出實際例子。像是：「謝謝你買了我想吃的點心，總是懂我喜歡吃什麼！」而不是只說：「謝謝你的點心！」（所花時間：一週總計為30－35分鐘。）

日常身體接觸：推薦每天大約花5分鐘，包含重逢時的擁抱、親吻、睡前擁抱。身體上的感情對於伴侶間的連結相當重要。（所花時間：一週總計30－35分鐘。）

約會是必要投資：每週至少2小時，沒有任何人、事的打擾，散步、喝一杯、好好吃頓飯、打遊戲，一起嘗試新事物或是任何放鬆的活動，交談、享受在浪漫的氛圍。（所花時間：一週至少2小時。）

深度對話：每週1小時的深度談話，談談目前的關係，最近哪些部分進展順利；也談談彼此之間的衝突，了解下週能做些什麼能讓你們之間感受到愛。（所花時間：一週至少1小時。）

這樣的時間分配可以作為你們平常相處的參考，具體的安排與落實最終需要兩個人攜手完成。請給自己多點信心和勇氣，為對方敞開心扉，再耐用的電器，用久了也是會故障的，更何況是脆弱的關係呢？請記得定期保養，以因應不同的生活模式。

療傷
悄悄話

兩人長時間近距離相處，以下方法能讓關係更親密：

1 **建立屬於你們的伴侶使用說明書**

生活在同個空間並不代表作息相同，尊重彼此的差異是基本的。了解對方的習慣與居家模式，在對方忙碌時不過度關心，避免為彼此帶來更大的壓力，同時，騰出一些聊天相處的時間，分享心情以減緩焦慮。

2 **為近距離空間創造整潔與溫暖**

打造一個讓彼此都感到舒適的生活空間，也能有效緩解緊張感。你們有多久沒一起好好整理居住的空間了呢？堆滿的雜物是不是讓彼此更為焦慮、更加心煩意亂？先從改變環境開始，清除堆積的雜物，以便能共同選購一些喜歡的裝飾。

3 屏除「對方應該怎麼做」的執念

個體差異是無可避免的，試著降低預期，並從不同的觀點看待事物。試著換位思考，同理對方的心情與立場。

第四章

越相處越想逃？跨越現實因素的阻礙

——關於未來與承諾，在踏入下一階段之前

真正讓你焦慮的並不是
你和對方的差異，
而是你無法接受這樣的差異。

13

談錢傷感情？關係避不了的金錢覺察

在關係中因為金錢而生的隔閡與衝突讓你難以啟齒，害怕和伴侶談錢太敏感、見不得光嗎？若是想長期經營這段關係，你們就必須共同面對金錢的議題。**感情觀需要磨合，金錢觀當然也是。**

在交往初期，E的伴侶提出了花費上想要AA制的建議，當時的她也覺得一開始劃分清楚比較好，便答應了。但長久下來，偶爾和閨蜜雙重約會時，看著對方伴侶把兩人的金額付清，自己和男友還在算錢，E不免有些尷尬。除此之外，另一半的收入比較優渥這點，也讓E感到自卑。每當想送生日禮物給伴侶，她也會擔心禮物太廉價，無法與對方相稱。

然而，雖然對方的薪水相對穩定，花費上卻沒有比較寬裕。有一回，他們共同出席一場重要長輩的活動，E因為花了些時間梳妝打扮，導致他們來不及搭乘大眾運輸，只好臨時攔計程車匆忙前往。一路上，E都能感受到另一半不快的情緒，活動結束後果然為此大吵了一架。就算因為快遲到而搭計程車，對方仍覺得這樣太過浪費。

「我發現他節省的程度超乎我的想像。」E無奈地表示。涉及金錢與物質的話題容易挑起許多人的敏感神經，加上雙方意見的分歧與經濟狀況的落差，若兩人遲遲沒有正視這個問題，要邁向更長遠的未來，恐怕只會產生更多的對立與誤解。

應對金錢議題，必須跳脫外在框架的束縛

在這幾年的兩性議題之中，「AA制」引起了許多人的討論，然而，像這樣過於僵化地強調金錢在伴侶之間的權力關係，不管是某一方應該支付更多費用，或是對分帳制的擁護，**只會讓人更加受困於社會價值的框架裡，難以開誠布公地討論。**

如果你希望這段關係長遠，那麼，就更需要了解雙方的金錢價值觀。人類發展與家庭專家勞倫．帕普（Lauren M. Papp）等人在研究[24]中指出，與「非金錢問題」相比，金錢衝突更容易在婚姻中造成問題，且會反覆出現。另外，二〇二一年美國註冊會計師協會（AICPA）最新的一項調查也顯示，73％已婚或同居的美國人都認為金錢觀是關係緊張的根源。

金錢固然重要，但它只是一種工具，任何人的價值都無須透過金錢來證

明。我們必須拋開「如果夠愛我的話，應該不會計較錢」或者「對方願意花多少就代表多愛我」的想法，因為錢財並非自我價值的延伸，也更非用於計算感情的度量衡。若能有意識地理解金錢的意義以及我們對金錢背後的複雜情緒，則有助於我們更坦然、更寬容地和另一半溝通金錢議題。

以下提供兩個展開討論之前，可以先做好的心理準備：

✦具有改變彈性

伴侶之間的財務狀況不可能永遠維持現況，可能會因為生涯規劃而發生改變，像是失業、升職、親屬的贈予、繼承等等。假如原先是分帳制，卻因為伴侶在某個時間需要協助家庭負擔債務，那麼仍然可以開口，主動與另一半進行協調，減輕對方的壓力。從共同帳戶的配置比例，或是共同外出花費的分配來進行調整。

✦具有包容性

卡羅琳．沃格勒（Carolyn Vogler）等學者的研究[25]提到，一段關係的幸福滿意度會受到金錢如何支配的問題影響。想要減少金錢支配的衝突以提升親密度，除了日常個人開支，雙方可以一起制定財務的計畫，像是每月存下旅行經費，或未來結婚基金等等，甚至可以共同學習投資理財，增加可運用的資金。如果涉及私領域的消費層面，則應該給予對方自由配置的空間，不過度干涉、不帶貶意去評價。

若對方的某筆花費是長期支出，影響到了雙方的共同財務規劃，則可以勇敢提出討論，以減少你單方對財務狀況的焦慮。

邀請伴侶一起探索金錢關係

E與另一半所面對的金錢課題，涉及兩個層次的煩惱：

1. 無法坦然地討論金錢話題，被問到經濟狀況時容易緊張。
2. 兩個人對「金錢」這項工具都存在著焦慮。

我們對待金錢的方式與成長經歷有關，從原生家庭的財務狀況、後天受到的財商教育，到同儕間的消費價值等等。你能否意識到物質層面的金錢，和心靈層面的信念及恐懼有哪些連結？

✦社會文化帶來的金錢焦慮

對金錢存在焦慮，是讓你對談論此議題感到不自在的原因。而這樣的焦慮感，首先可能來自於社會價值的影響，現今大眾媒體過度渲染快速致富的案例，大肆報導各界名人的成功方法，導致我們容易因為比較心態而感到自卑。

此外，專注於研究金錢問題的臨床心理師阿曼達·克萊曼（Amanda Clayman）在接受《CNBC》採訪時也提到：「我們對金錢的許多看法是基於社會文化，並且是由生活中所接觸到的對象教會我們的。」當然，不只是金錢價值觀的形塑，這更和我們對金錢的感受有關，也是金錢焦慮的根源。

她舉例，如果我們從小就認為自己的父母善於理財，具有穩定的工作，也懂得儲蓄，當我們自己遇到與這樣的框架不符的情境時，面對金錢就會產生羞恥感、孤獨感，甚至想逃避。

✦成長環境的經驗影響

金錢焦慮也可能與家庭環境有關。舉例來說，有些家中長輩會過度推崇「勤儉是美德」的思維，常常出現極端節儉的行徑，導致孩子在花錢的當下有罪惡感。當然，還有**成長過程裡在金錢或物質資源上匱乏的經驗**，也會讓你長大以後對金錢特別沒有安全感，只好不斷地拚命賺取收入。

為什麼面對金錢會產生這些信念？心理學家兼財務顧問布拉德·克隆茨（Brad Klontz）等人在研究中提出了「**金錢腳本**」的概念，說明我們對金錢產生的無意識信念，包含四大類型[26]：

- 迴避金錢（Money Avoidance）。
- 崇拜金錢（Money Worship）。
- 將金錢當作個人價值（Money Status）。
- 對金錢戒慎恐懼（Money Vigilance）。

研究中也指出，以上信念通常來自於我們的童年，且會影響我們成年後的行為與價值觀。讓我們來試著問問以下這些問題，幫助自己覺察金錢腳本：

- 我的金錢價值從何而來？
- 金錢讓我感到信心十足還是充滿不安？
- 我對賺錢與花錢有著怎樣的感受？這些感受從何而來？和誰有關？
- 我面對金錢相關的問題，是否會採取實際行動解決？

E思考後發現，男友曾提過自己在成長歷程中，因為家境相對清貧，很早就開始半工半讀。當時他不但對金錢感到焦慮，每天還必須憂心經濟來源，養成他習慣性地查看自己的戶頭存款，難以承受理財背後的風險，導致他時時煩惱需要花錢的下一個時刻到來。

> 對於金錢的價值信念，影響著我們面對它的態度。和金錢的關係，往往存在著更多的害怕、自卑與不安全感，使我們無法向伴侶坦承。

若要減少經濟上的焦慮，就必須改變對金錢的思考模式，並養成溝通的習慣，用理性的態度看待金錢。當你們願意敞開心扉談論金錢關係，帶來的會是更多養分，進而滋養你們長遠的親密關係。

療傷
悄悄話

若要談錢不傷感情，可以從個人金錢信念到關係對話，以下有三個行動方案提示：

1 感謝金錢帶來的美好富足

與金錢共處時，減少對錢的罪惡、羞恥、不滿等負面信念，以正向的方式來感謝金錢讓你們擁有更多，對現有的金錢感到豐盛，為持續累積財富而感到充滿未來性。

2 展開真誠的金錢對話

擁有共同的金錢價值觀，是感情長久發展的基礎。試著和伴侶坦誠地聊聊財務狀況，或討論未來的財務規劃，切勿評論或批判對方，而是要秉持著誠實與尊重包容的態度。

3 金錢覺察的練習

如果對於金錢存在著非理性的信念與複雜的情緒，不妨一起聊聊成長歷程中，金錢在各自人生中扮演的角色。若是擔心不自在，或是無從展開對話，可以善用第三方工具，像是：金錢覺察卡，以有效幫助了解彼此的負面信念或行為。

14

談戀愛不只兩個人？原生家庭對關係帶來的陰影

有人曾說，夫妻躺在床上，其實不只兩個人，而是六個人，包含夫妻雙方和各自的父母。這也說明了我們在婚姻中不免會受到原生家庭的影響，不過事實上，在還沒成為夫妻之前，就有不少人在伴侶關係中受到原生家庭的牽累，不論是潛在的童年經驗還是成年後的直接介入，都對關係造成了不可忽視的影響。

軒感受到自己與另一半的相處遇到了瓶頸，是來自兩個人的成長環境差異，軒的父母一直以來都對孩子的伴侶有著諸多不滿，導致軒常常覺得被夾在中間左右為難。甚至開始想著，如果恢復單身會不會更加輕鬆。

「好多次都想要放棄這段關係，卻又覺得這是我的選擇，為什麼要為了討好其他人而放棄？」雖然這麼說，但軒仍是矛盾的，他在得知父母對於其伴侶的態度之後，也只是減少兩邊的往來，避免引起不必要的摩擦或誤會，這點讓軒有些過意不去。他感覺這段關係像是地下戀情一樣無法見光，也間接影響了自己和家人的互動頻率。

此外，在與伴侶爭吵時，軒當然也無法告訴家裡的任何人，在這種時候他往往會覺得特別委屈，除了承受著被家反對的壓力，在情緒不斷累積之下，與女友的衝突也逐漸增加。

受到原生家庭牽絆之深，軒抽到了療心卡中「原生家庭」牌卡，這張牌卡探討的正是來自原生家庭的傷害，或者現有狀態受到家庭舊有模式的影響，包含內在小孩的失落。牌卡給予的提示是：分辨原生家庭的陰影，饒恕、和解並愛自己，與家庭建立新關係。

許多人在感情上所面臨的問題，不一定只存在於兩人之間，有可能也與自身的童年經驗與原生家庭有關。

回溯家庭的影響，找到價值觀的問題根源

在成長的過程中，我們渴望脫離家人的掌控，希望盡早獨立，但其實無形之中，家庭關係會建構出我們對待感情的方式，包含在第二章提過的依戀類型。與其逃避或否認，不如先好好回顧早期經驗，找到可以應對當前處境的行動方案。

✦擇偶時的潛在影響

首先，在選擇伴侶時，我們就已經受到某些價值的束縛，遇到某個靈魂伴侶，覺得再也沒有人能比這個對象更適合自己時，背後可能是因為對方符合家人的期待；又或是受到與父母特質類似的伴侶吸引，這些都是原生家庭影響我們擇偶的常見因素。

根據哈維爾．漢瑞克斯博士（Harville Hendrix, PhD）、海倫．杭特博士（Helen Lakelly Hunt, PhD）提出的「潛存意象理論」（imago theory），看似自由選擇伴侶的我們，其實會因潛意識的影響，使我們受到與父母或早期照顧者特質相像者所吸引。

✦內在教條的束縛

除了依戀風格受到早期照顧者的影響，美國臨床心理師麗貝卡．卑爾根（Rebecca Bergen）也提出原生家庭父母影響成年人關係的三大因素：表達愛意的方式、父母的行為、被灌輸的價值觀。

父母對我們的言語和標準，會成為我們心中的「監督者」，讓我們用同樣的方式對待自己或另一半。假如你的父母從小嚴厲要求你積極進取，無形中為你建立了玩樂放鬆是在偷懶的觀念。這樣的信條，可能會導致你對恣意玩樂的伴侶有所反感，而因此心生不滿。

✦親密程度

從小到大，第一個讓我們參照親密關係模式的對象就是父母。有些父母的感情冷漠疏離，有些父母則緊密情深，無形中，你可能也會模仿父母相處及表達愛的方式。

舉例來說，有人難以與伴侶近距離地互動，鮮少會主動做出肢體接觸或表達愛意，這可能和父母間的疏離或比較理性的相處有關，但如果這樣的人所遇上的伴侶，是在一個父母感情相對緊密的家庭中成長，雙方對親密度的期待便容易出現落差。但這個差異並不代表愛意程度有所高低，而是兩人在家庭中學習到不同的互動模式之故。

綜合來看，原生家庭對於關係發展是個重要議題。如果可以觀察那些受到牽動的思維及框架，依然有機會跳脫來自家庭的固有模式，培養出屬於你自己的親密關係互動。

當家庭介入關係時，如何自我保護？

除了生活習慣、溝通姿態、依戀模式等影響關係內的互動之外，最直接的還是父母對於關係的涉入程度。在交往階段，如果讓家庭知道另一半的存在，就免不了要開始面對一系列的「考核」，一方面擔憂對方父母的觀感，另一方面也害怕伴侶受到家人的施壓而感到為難。

當兩個人的交往時間越久，受到彼此原生家庭影響與互動的頻率也會越多，究竟該如何應對進退？其中，最重要的原則就是「安全距離」以及「有意識的課題分離」。

「課題分離」是在岸見一郎《被討厭的勇氣》一書中，由心理學家阿德勒提到的重要概念：

當他人干預你的自由和人生選擇時，能夠區分這是誰的課題，將自己與別人的課題進行切割。而且，不去干涉別人的課題，也不讓別人干涉自己的課題。

我們之所以會受到父母的影響，就是希望得到他們的認同與肯定。從小到大，許多人可能想盡力滿足父母的期待，卻自始至終都無法全然達成，因此，我們更需要的是接受自身能力的局限。

每個人都只能控制自己的行為，無法改變他人的想法。當我們做出自己認為對的選擇，只需要堅守好自身的課題，任何人的想法或回應都是他們的課題。

軒雖然有意識到自己受到父母的干預，卻無法完全地做到課題分離，他認為在違背父母的期待下做出選擇，是一種「自我犧牲」，才會在爭吵發生時感到身心俱疲，萌生想放棄的念頭。

在這次的陪談中，軒才明白與伴侶相處上的衝突，原來也和自己的原生家庭有關，包含常常忍不住想要限制或是指正伴侶的行為。與伴侶發生衝突時，應盡量減少外力干預，有意識地把議題拉回關係本身、和家人的情緒保持安全距離，並各自協調好自己的原生家庭，以避免伴侶承擔過多的壓力與責任。如此一來，才有機會為自己的愛情打造更堅實的基底。

療傷悄悄話

正因為彼此深愛，
才必須試著在原生家庭與戀愛關係中找到平衡。
以下提供三個思考面向：

1 回顧原生家庭，喚醒你的過去

家庭教育，對我們的自我價值和思維模式產生了根深柢固的影響。從「我可以……」、「我不可以……」、「我不值得被愛」、「我很糟糕有很多缺點」，到「我必須滿足父母的期待」、「我不應該與父母疏遠」等等，找出你潛意識中的聲音，並問問自己這些念頭影響了你什麼，是否讓你感到綁手綁腳？

2 保持尊重，同時淡化家人的聲音

學習對原生家庭的意見保持冷靜，你無須反抗或是順服，過多的反

應只會激起你的情緒。如果你容易產生心情波動，思考它背後代表的是什麼。將自己對於愛情的價值觀與家庭分離，能讓你更加保護好你和另一半的關係，如果有餘力，則可以試著重建和父母的關係。

3 保護關係及摯愛

受到父母的負面評價，對另一半來說是一種傷害。同樣地，你對伴侶造成的傷害也會回過頭來傷到自己，更會影響你們往後的互動。因此，要與家人好好溝通而不是直接將意見回饋給伴侶。這樣一來，和伴侶相處時才能更聚焦在你們兩人之間的問題。

15

愛的火苗熄了？不自覺開始放大對方的缺點

電影《真愛挑日子》有一句經典台詞：「喜歡，是看到一個人的優點；愛，是接受一個人的缺點。」然而，明明還有愛，為什麼會不自覺地開始放大對方的缺點？

Y和伴侶為節省房租和生活開銷決定同住，初期沉浸在小倆口的世界中相當甜蜜，假日一起被太陽曬醒，想著要去哪裡度過美好的一天，有空便共同整理家務……日子久了，兩人的相處趨於平淡，也漸漸失去了新鮮感，但這並不是真正的關係問題所在。

Y發現自己和男友開始會為許多瑣事爭吵，好像對方做什麼都看他不順眼。總是忘記帶鑰匙、忘記錢包，延遲出門時間，個人的空間堆滿著雜物不肯收拾……種種怨言讓Y煩躁不已。

不僅如此，Y也察覺到彼此的價值觀差異。Y追求在職場上的成長與進步，常常自主加班；相較之下，男友只求安逸，每天準時上下班，休假就想著吃喝玩樂，還希望Y能陪伴自己去享受愜意的生活。此外，Y每次出門都會好好打扮一番，另一半卻總是穿著同樣幾套運動服，讓她感受不到對方的重視。

這些差異，開始讓Y心生了矛盾：「**我是不是沒辦法和一個人長期相處？時間久了，就會開始不滿對方？**」

然而Y之所以會有這樣的困惑，並非只在這段關係中才發生過相似的情況，是隨著和現任走向同居階段，才讓Y開始正視這個問題。她害怕自己若是消極地結束關係，就算去尋找看似更完美、更理想的對象，很可能也會再度陷入相同的困境。

無法停止放大檢視伴侶缺點，背後反映的其實是你自己

大多時候，我們關注他人的時間比關注自己還長，理當比較容易看見別人的問題。如果你在關係中出現放大檢視對方缺點、不斷批評或抱怨另一半的傾向，可以試著仔細想想：這些問題是否有嚴重到不可忽視，讓感情生變？或者只是我們藉由這個方式，反映出了自己正在焦慮的議題？

其實，讓你感到不舒服的部分，背後代表的有可能是「對於自己的投射」。美國心理治療師卡倫·科尼格（Karen R. Koenig）指出，我們會將自己不喜歡或不想要的情緒或特徵，歸因於其他人，常見的例子是曾經出軌的人會懷疑他

們的伴侶不忠誠。雖然本人不會承認自己的不忠，卻會將這種行為轉移或投射到伴侶身上。

因此，自我要求過於嚴厲，容易自我批評者，往往更可能會挑剔另一半。看似指責他人，事實上是我們對自己不夠有自信，只好透過批評別人的錯誤，來尋求慰藉。

另外，也有可能是因為你長期以來有自我否定的習慣。如果你常常自我批評，那麼，你也有可能用同樣的方式來評斷他人，尤其是關係越親密的對象。自我批評者，通常很難意識到自己的言行，但是這樣的習慣，卻會在遇到親近的人時顯露出來，對自我的標準越高，對他人的要求也會不自覺提高。

此外，這也是一種「自我保護」的機制，當人與人之間出現吹毛求疵、批評等帶有敵意的行為，會不自覺將兩個人的心理距離拉開。在佛洛伊德精神分析學派提到的自我防衛機制（Defence Mechenism）裡，其中一項防衛機制稱為情緒隔離（emotional insulation），人們會從失望的事情抽離，退回被動的姿態、表現冷漠，以避免痛苦再次發生。

當我們在過去的親密關係中曾經受挫，潛意識裡也無法敞開心扉接受對方，便會透過批評伴侶等方式，先把對象推遠、維持一定的心理距離，等到有一天關係結束時我們就不會感到太過痛苦。因為內在的潛意識會告訴自己：「是我先拒絕對方的。」

你是否期待著另一半成爲自己想像中的樣子？

在面對關係問題時，我們經常會由於對方不是自己心目中理想的樣子，而不停地抱怨對方。然而事實上，真正讓你焦慮的，並非你和對方的差異，而是你無法接受這樣的差異。

一段和諧的關係，需要建立在彼此信任與包容的基礎上，遇到摩擦時如果只把問題丟出來，或是怪罪到他人身上，像是將自我的批評，轉化成對另一半的要求，而難以接納真實的自己與伴侶，只會讓你越來越受傷。

”要改變任何一個人都不容易，你唯一能改變的人就是你自己。“

期待另一半成為自己想像的樣子，卻一直受困於現實與理想的落差之中，長久下來會產生更多的失望和空虛感。回想過去的幾段感情，隨著時間深入交往之後，Y會因為期待對方更好，而希望另一半能夠改進所有的缺點。到頭來，使得Y總會對關係產生懷疑，充滿怨懟。

為了改變現況，Y嘗試寫下另一半的優點，她才發現都是自己在抱怨對方，男友反而鮮少挑剔自己。當她經常把工作帶回家時，對方並不會打擾與干涉，甚至會盡可能地協助家務，或是買好吃的東西來慰勞辛苦的Y，提醒她要好好休息。

除了寫下對方的優點之外，我們還可以透過以下兩個練習，來調整慣性批評伴侶的行為：

✦用激勵取代貶損

根據美國的心理學家和行為科學家斯金納（Burrhus Frederic Skinner）的增強理論（reinforcement theory）指出，正向強化比負向強化效果更好。正向強化指的是當某個行為受到讚賞時，就會增加該行為的發生頻率。因此，如果能將正面的回饋即時給予伴侶，可以帶來相當好的激勵效果。

除了適當給予空間、尊重對方的選擇，觀察到正向的改變或行動時，也應不吝惜地鼓勵及稱讚對方，這遠比一遇到不順眼的事就貶損對方要來得有效。

✦就算發生衝突，伴侶也是隊友而非敵人

當兩人準備邁向婚姻這一步，概括來看，對方的缺點大多都在可以容許的範圍，若經常為生活上的瑣事而引發爭執，有可能會增加感情的裂痕，消磨雙方的耐心。

發生衝突時，請將首要目標放在理性溝通、解決問題，而不是「爭論對錯」，畢竟我們無法避免雙方意見不合之處。記得先冷靜下來思考，並且降低你的標準，從比較簡單、雙方也能確實做到的方法開始，不求一次到位，而是逐步來改善問題。

你終將明白，沒有人是完美無缺的。雖然偶爾有脾氣，但我們都能領會，關係耐人尋味的地方正是來自於彼此的差異。而對方的獨特或許能更加豐富自己的生命，讓你不那麼孤單。

療傷
悄悄話

因為熟悉，讓我們看到更真實的彼此，學會不再任意刺傷自己與伴侶。

1 提出建議，但尊重對方的選擇

與雙方相關的議題可以共同協調討論，像是家務分工、衛生習慣等，但針對個人的偏好、興趣，如穿搭風格、工作價值觀等面向，可以對伴侶提出你的觀察，但給予對方選擇的空間，尊重他人的決定，就如同你希望對方尊重你那樣。

2 當你忍不住評價時，多想三秒鐘

你給予的批評否定，是否來自於外在的刻板印象與價值思維？比如，覺得對方如果沒有對工作積極進取就是「不上進」，這個觀念可能來自你的教育背景。或者節慶時，對方沒有主動送禮製造驚

喜，就是「不浪漫、無趣」，則可能是受到社會氛圍的集體潛意識影響，透過媒體渲染而加深了你的觀念。

3 減少自我批評

如果你是自我要求過於嚴厲的自我批評者，可以從練習自我肯定開始，並接納自己和伴侶都是有缺點的。當你表現不如預期時，不管是在工作或人際相處上，請先別急著過度苛責自己，因為允許自己犯錯的人，才能同樣適時地寬容他人的過錯。應該將焦點放在如何改善，並做得比這次更好。

16

親密關係中，情緒界限是你的防線

明明是伴侶的情緒波動，卻讓你的心情跟著載浮載沉嗎？當你無止盡地接收伴侶的情緒，身心狀態連帶受到影響之後，可能會對這段關係開始感到不安和厭煩。

B近期在感情中遇到了這樣的狀況。不僅和伴侶互動時感覺不到愛意，甚至漸漸失去了耐心，很多時候都想要一個人獨處，連伴侶都感受到了她的「異狀」。B的內心也因此充滿了自責和困惑，忍不住思考著：**為什麼我們明明沒**

有爭吵，彼此間卻感受不到情感的交流？

B試著分析自己最近的狀態，才發現是受到外界負面能量的干擾，產生了過多的情緒勞動。原來B的伴侶與原生家庭關係並不好，在一起時偶爾會接到來自家裡的電話，當伴侶和家人在電話中爆發口角，一旁的B往往對此感到不知所措。

「我能理解他的個性急躁，容易有情緒，但他真的對我很好。」B試圖指出對方的優點。

起初，B都能耐心聽完伴侶的苦水，並給予支持與安慰，然而，長久下來卻發現自己被這樣的情緒籠罩之後，很容易感到疲倦。每當伴侶的情緒出現起伏，感受力與同理心強的B，總是盡全力安撫對方、表達理解。

有一次，B試著以客觀理性的角度，建議伴侶轉換不同的思維，以實際行動取代抱怨，沒想到卻激起對方更大的情緒，甚至怪罪她沒有給予心理上的支持。

雖然交往至今，B仍會期待約會的時光，但若是遇上男友在工作、家庭關係不順遂的時候，約會便成為了抱怨大會，以致於回到家以後，B只想關掉所有的訊息攤軟在沙發上，無力與任何人交談。

在關係中，如果沒有情緒界限的意識，讓自己無條件地承擔對方的所有情緒，長久下來便會形成龐大的負擔，失去對這份感情的信心。

從什麼時候開始，你成了伴侶唯一的情緒出口？

許多人在交往之後，會不自覺擔任起對方情緒垃圾桶的角色，不管是來自原生家庭、人際關係、職場工作等等。有些人在生活中累積了許多不愉快又無法直接表達的情緒，也難以向其他朋友訴苦，最後只能全部「倒給」最親近的伴侶。

在曖昧與初期交往的階段，多數人都能展現超乎尋常的耐心，當伴侶有任何的情緒或抱怨時，比較能夠同理，也願意花時間聽對方好好把事情講完。畢竟在這個時候，雙方的心情分享能增進對彼此的了解，你反而會因為對方願意和自己坦誠脆弱之處而感到滿足。

此外，情侶容易在交往初期受到投射效應（Projection Effect）的影響，將彼此視為想法一致的靈魂伴侶。精神分析師蘇珊・科洛德（Susan Kolod）指出，投射效應會讓人更容易墜入愛河，也可能讓你更討厭某人。前者是把自己的特點投射到其他人身上，誤以為他人與自己有相同的傾向，像是將情感、意志投射到對方身上，並且以自己的觀點來解釋對方的行為[27]。

關係的初期，我們會認為對方和自己有許多共同點，甚至產生「我再也不會遇到如此懂我的人」的錯覺。**在這樣的謬誤下，我們也就更容易將所有心情與對方分享，並認定對方肯定願意傾聽且能理解你。**

當相處時間一久，你卻開始覺得對方的態度出現了變化，這就是投射效應造成的錯誤認知。比如說，當你對某件事情感到憤怒或是厭惡，會認為對方應該要和自己有一樣的情緒，而忽略了個體的差異。甚至在伴侶無法理解你時，產生巨大的失落感。

建立情緒安全防線，讓彼此更親密

以長遠的關係發展來看，我們要先有一個認知：沒有人能全然理解對方，哪怕是再親近的伴侶和家人。若能建立這樣的基礎，自然就不會認為對方一定要能全然理解自己，也沒有必要為彼此的情緒負起全部的責任。

「如果能『全然理解』所有與自己有關係的人就不會有糾紛了，但這樣的想法是不切實際的，我們能做的就是與他人維持適當的距離，並在這樣的關係中堅守自我。」

——金素媛，《適當的距離》

家族治療的結構學派大師薩爾瓦多・米紐慶（Salvador Minuchin）曾提出「心理界限」（boundary）的概念，指的是個體之間身體和情感距離的無形分界。米紐慶認為，適當的界限對於保護個人自主和關係健康非常重要，不僅在家庭，戀愛關係、工作場域亦是如此。

界限能將我們與他人的需求、願望、責任、感受、意見和想法等分開，並讓我們學會對自己負責，減少溝通不暢及情緒困擾。在親密關係中，即便是伴侶也有難以對自己的所有處境感同深受，或者無法承接過多情緒的時候。與其把所有的壓力發洩在關係裡，不妨建立起安全防線，為自己的情緒負責，同時另闢其他抒發與調適的管道。

請記得，在雙方互相信任的情況下，保有各自的交友圈，讓彼此擁有調節身心的時間與空間，不再將對方當作情緒唯一的出口。總體來說，必須讓親密關係的兩人仍能保持獨立的個體。若能維持在一定安全距離之下，雙方會更有能力找尋各自的情緒抒發管道。

維持好關係能量，需要雙方一起合作與探索

B曾經因為沒有與伴侶站在同一陣線，而遭到責怪。再加上對方的防禦心理，也讓她難以表達自己真實的感受。**不過，真正的根源在於，伴侶經常把關**

係之外產生的情緒，帶進兩人相處的時光裡，所以應該要讓對方理解這麼做所造成的影響。

以下是面對伴侶負面情緒的三個應對方法。

✦主動開口表達，不要害怕這會讓對方不舒服

處理負面情緒，需要雙方有所共識才能奏效。當然，你提出想法時，伴侶可能會出於自我防衛，先否認或是反過來責備你。雖然在第一時間對方不見得能接受，我們仍要耐心溝通並充分表達自身的感受。

至於要怎麼好好表達呢？我們可以運用心理學家馬歇爾．盧森堡（Marshall B. Rosenberg）提出的非暴力溝通法（Nonviolent Communication；NVC）。非暴力溝通是善用同理心、傾聽他人需求，同時也了解自身感受與需求的和諧溝通法，研究也證實它可以有效提升伴侶溝通以及關係滿意度。

以下是非暴力溝通法的四個步驟：

1. **觀察**：客觀的承述事實，避免評價。
2. **感受**：了解自己當下的感受，而非想法。
3. **需要**：了解自己想要被滿足的需求，與他人想滿足的需求。
4. **請求**：非命令且明確地請求對方「做」什麼，而非「不」做什麼。

以B想減緩自己受到另一半負面情緒影響的例子來說，她可以這樣表達：

「我發現最近你公司發生了一些事情，讓你有許多不愉快，但我感覺自己受到這些負面能量的影響，情緒也跟著有點低落。我們是否要先休息一下，來討論這週末要去哪裡，轉換心情放鬆一下？」

✦以理性的態度，闡述感性訴求

溝通的當下，保持冷靜和堅定的立場，不要被伴侶的情緒煽動，同時也要告訴對方，是自己的內心已經超出了負荷，而不是刻意冷落他，並且展現你的誠意，感謝對方的體諒。

✦請對方在將情緒垃圾丟出來之前，先詢問你的意願

提醒自己，即便是與伴侶之間的親密關係，也沒有任何一方需要全然承接對方的情緒，而是應該在維持親密關係與自我保護之間取得平衡。我們可以向對方展現誠意，表示自己並非不想聽對方說話，但在不同的精神能量狀態、時間場合之下，你依然具有「選擇權」。

真正的默契，不是一味要求彼此接受自己所有的想法與價值，而是雙方都願意在分歧時提出討論，讓心靈更同步。

療傷悄悄話

學習面對情緒，是我們在關係中各自需要努力的功課，不妨多些思考，進而採取不同的行動讓關係更好。

1 練習和情緒共處

越是親近的關係，就越容易讓對方感受到自己的情緒。練習認識情緒與其背後真正的原因，學習和它共處，接受自己的高敏感特質及能量有限，也和伴侶聊聊這些情緒對自己的影響，並且盡可能和他一起探索。在自我理解中，必定能為關係帶來正向循環。

2 記得你還有家人朋友

千萬不要覺得有話不和對方說，是不信任伴侶。當我們面對困難與處境，旁觀者有時能夠以不同角度看待，甚至提供更有效的解方。善用身邊的資源，包含你的家人、朋友，不要忘記那些平時支持你的人們。同時，你也可以鼓勵伴侶多和其他信任的人相談，分享心事或煩惱。

第五章

該離開還是忍耐？釐清你對愛情的期待

——適時放手的人，才能談好戀愛

找一個「對的人」，
不是來解決你所有人生煩惱；
而是在面對這些課題時，能夠彼此信任、相互陪伴。

17

如何設立停損點，從伴侶出軌的重傷中走出？

以為感情出現第三者，只會出現在社會事件、影劇或文學作品中，讓W始終無法相信，類似的情節竟會發生在自己身上。

雖然男友在劈腿被發現之後感到後悔莫及，也希望能得到W的原諒。然而，W不確定對方是否只是希望關係不要改變，進而不讓外界知道自己所犯下的錯誤。

揭發伴侶出軌後，W頓時失去了生活重心，每天把自己關在家，只剩下滑手機的動力，不停回顧之前的對話訊息和相簿，只為找尋到底從哪裡開始出了問題，她也試圖去探查第三者的行蹤，比較自己和對方究竟有哪些差距及相似之處，竟讓男友選擇背叛經營多年的關係。

不斷與第三者比較的二度傷害

第三者的出現，往往只是一個導火線，關係背後的問題實則已經存在許久，聚焦在出軌行為本身或持續去追查第三者的身家背景及所有動態，並不能找到感情生變的根源，也對關係修復沒有幫助。

如果一再被妒忌與恨意籠罩，很有可能會落入「不想輸給第三者」的執念，而做出錯誤的選擇。比如說，明明知道關係出現的裂痕難以撫平，卻遲遲無法放手，甚至在對方的苦苦哀求之下，選擇原諒，繼續這段苟延殘喘的感情。然而，你若不能抽離受害者的情緒，便無法讓自己的注意力回到根本的問題上。

「愛激勵我們、鼓舞我們，但愛也讓我們變得嫉妒、充滿恨意，甚至走向自我毀滅的道路。」

——理察．大衛．普列希特，《愛情的哲學》

該原諒還是離開？

社會學家伊娃．易洛斯（Eva Illouz）曾用社會學的角度探討關係的背叛，並在《為什麼不愛了》一書中指出，對於關係的叛離通常不會使用語言上的抗議，那是因為言語會洩漏依賴性以及脆弱性，無聲退出則是維持自己信心的表現。就好像客戶表達對產品不滿的方法，大多會選擇購買其他產品，僅有少數人會向公司以言語表達抗議，因為這麼做會威脅到自主權及自我價值。

你可以想像，隨著資訊設備發達，如今交友的門檻變低，要找到另一個填補戀愛關係的替代對象更是容易；一旦關係遇到問題，包含溝通、價值觀、情慾等各層面，有些人寧可另尋對象，而不透過言語進行溝通及表達。

然而，背叛的事實已經發生，確實也可採取悶聲而去的做法，但若要解決核心問題，仍需要回歸言語溝通，雙方達成共識之後才有可能獲得改善。

如果彼此願意坦承，說出自己在關係上所面臨到的問題，不論最後是否決定分開，對於雙方向前邁進都是有幫助的。透過坦白，可以更了解雙方是否真的不適合、或者針對關係失能的部分進行重建，當然，這個修復計畫將是相當漫長且深具挑戰的。

所謂的挑戰是什麼？你可以想想看，面對一次的失信，是否還能夠安穩地與對方相處下去？或是心裡永遠有一塊疙瘩無處安放，折磨著未來的日子呢？相信當下會有強烈的直覺告訴你答案。但請記得，自己永遠是有選擇的。

易出軌的人，
通常認為生活是由外在因素所主導

出軌的行為往往有跡可循，而學習辨認易出軌的體質可以減少你受到傷害。用「減少」、而非「不再」受到傷害的原因在於，出軌的發生存在許多外在因子，例如：文化差異、生理因素、其他潛在人格特質，背後成因相當複雜且多元。

不少人面臨伴侶出軌，會開始陷入自我檢討，認為是自己不夠好，而用他人的錯誤來自我懲罰。然而，有些人本身可能就屬於「易出軌體質」，不論今天對象是誰，同樣會對關係不忠。至少我們能先學習從人格特質，以最極端的出軌行為，也就是肉體出軌為例，來辨認某些對象是否屬於易出軌體質，適當地保持距離。

不難理解，**影響出軌的關鍵因素包含性慾，但不只是對「性」的需求如此簡單，除了情慾還包含對性的開放態度。**心理學家認為性慾能分為兩種類型，「和諧型情慾」（harmonious sexual passion）以及「強迫型情慾」（obsessive sexual passion），兩者的差異可根據人格心理學理論中的「控制源」（locus of control）來區分。

朱利安·羅特（Julian Rotter）在一九五〇年代提出的人格理論，便是運用「控制源」來將人分為「內在控制者」（Internal locus of control）與「外在控制者」（External locus of control）。以下整理出這兩種類型人格的差別。

✦內在控制者

- 相信命運掌握在自己手裡。
- 通常有較高的自信心，不容易焦慮。
- 屬於「和諧型情慾者」。因為相信自己可以控制情慾，能決定何時、與何人發生性關係。基於符合倫理道德不威脅生活現況，即便突然出現一個具有吸引力的對象，依然能控制自己的情慾。

✦外在控制者

- 認為生活受到自己無法控制的環境因素或者機會、命運影響。
- 覺得生活會受到外在環境影響，性格通常比較低自尊與神經質。
- 屬於「強迫性情慾者」。因為較差的自我效能感，讓他們容易向「性慾」屈服，即便他們知道後果不堪設想，日後可能會後悔，仍然會選擇肉體出軌。

想想目前的對象，是否相信自己能控制生活？還是會把問題歸咎給命運？

辨認對象出軌的動機，遠離進一步的傷害

關於「出軌」的心理學討論不少，像是過去的研究顯示，男性比起女性更容易發生「肉體出軌」。然而，心理學家發現，近幾年男女出軌比例越來越接

近，性別與出軌的相關性越來越小。

根據心理學家瓦萊麗．吉爾伯特（Valerie Guilbault）在《社會與人際關係雜誌》上所發表的研究[28]，逃避型依戀者在關係中遇到困難時，更容易冷處理，有些甚至會尋找性伴侶對另一半進行報復，以減輕內心的孤獨與自卑感，並提高自己的自尊心；另一種可能則是，他們自認為多重性伴侶較符合當今的社會主流。

伴侶出軌後，遭受背叛者有時會試圖改變，讓自己能在各方面超越第三者。然而，若是遇上易出軌體質者，而讓對方的不忠誠成為你改變的動機，最終可能會導致你失去自我。

長久下來，你會越來越難相信自己值得被愛，因為在潛意識中會不斷暗示自己：「做了這麼多的努力，還是無效挽救。」進一步強化了你非理性的信念，更深信自己不值得被愛。

不論你的下一步是什麼，請記得，所有堅強都是溫柔而生的繭，勇敢接納過去種種，接下來的日子，請對自己好一點。前一段人生課題修行完畢，往後餘生仍是自己的。

療傷
悄悄話

面對感情遭受背叛，與其沉浸在受害者的情緒，你更該讓陽光透進來，好好治癒傷口，以下有三個行動方案可以幫助你慢慢走出來：

1 所謂原諒，是原諒自己

即便理性上，你知道感情遭到背叛是對方的錯，但在無形之中，你仍然可能會檢討自己。經歷自我價值感低落的時期，不需要合理化對方的出軌來說服自己，這恐怕只會更加壓抑內心的悲傷，狀態無法持續太久——真正的原諒，最終還是要原諒自己。請記住，這不是你的錯。

2 找到你的支持系統

面對背叛的事實，可能會讓你難以向身邊家人朋友開口訴說。試著尋求第三方管道，像是專業的心理諮商或是身心療癒服務，在這些過程中，也許能幫助你更深入地釐清關係，避免被憤恨和悲傷的情緒所淹沒，失去理智的判斷。

3 用自我照顧取代報復

遭受衝擊的當下，可能會讓你情緒激動，甚至萌生報復的想法。不論是對於伴侶或是第三者，請告訴自己，報復並不會真正讓你變得更好，反而可能帶來二度傷害。這時候的你，最需要做的事情是把身體與日常生活照顧好，保持營養均衡及適當運動以保持體力，幫助你度過這段時期，為自己的下一步做規劃。

18

熱戀期後不再甜蜜，是他不愛我了嗎？

感情轉淡，是他真的變了，還是自己的問題呢？是彼此的感情出現裂痕，還是關係即將走到盡頭？交往多年以後，過了熱戀期該如何走向下一步？

K談起曖昧期到熱戀階段，說自己和伴侶聊著聊著就在一起了，常常聊到大半夜也不覺得累，即使工作繁忙，只要能聽見對方的聲音，便覺得一整天的疲憊都值得了。

幾個月前，伴侶為了追求更高的收入，面臨著轉職的壓力。兩人之間的互動次數隨之降低，K發現對方變得比較沒有耐心，不再像以往那樣頻繁回覆訊息，假日的約會似乎也漫不經心。對方甚至坦然地說，希望能有多一些私人的時間與空間。

回想在一起的一年半，熱戀期大約持續一年，直到最近半年才開始悄悄變調。K曾經和伴侶溝通過，詢問相處上是否有需要調整的地方，對方卻認為一切都很好，並沒有任何異樣，這反而讓K陷入了混亂。

無法適應從熱戀期到平穩期的轉變，是許多人在愛情裡碰到的難關。到底是什麼原因造成兩人感情變淡？若無法跨越，難道只能分道揚鑣？

愛情不是只有熱戀期，當關係出現轉折

美國的心理學家坎貝爾（Susan Campbell）在其著作《伴侶的旅程》（A

Couple Journey，暫譯）裡，提出戀愛關係發展的五個階段：熱戀期、磨合期、穩定期、承諾期、共同創造期。

其中，熱戀期階段通常會維持12至24個月。從生理角度來看，「熱戀期」使我們感受到陷入戀愛的原因，主要是被腦部的神經傳導物質苯乙胺（PEA）所驅動，再加上多巴胺與正腎上腺素的作用，讓人情緒格外亢奮與愉悅。

然而，熱戀期結束後的變化，除了生理因素以外，當然也有心理層面的影響，我們可以用「預期效應」（Expected effect）來解釋。所謂「預期效應」，是指因為對某人或某事的預期，影響了原本的觀察與判斷，進而改變對事物的認知與態度。熱戀期過後，會出現期待與現實的差距造成的認知失調，讓你感到加倍失落。

多數人會在熱戀期展現自己最完美的一面，然而，要能長時間投入如此大量的心力、時間與金錢相當不容易。舉例來說，一對工作非常忙碌的情侶，在交往前幾個月，會想要每天一起吃晚餐，對於探索美食沒有特別感興趣的男友，當時總是努力蒐集餐廳名單。不過，隨著日子久了，見面約會和訊息聯繫的頻率便會逐漸下降。

當交往進入穩定期，不管是投入時間，還是與伴侶相處時的專注度都會恢復正常值，雙方也會稍微放鬆、懈怠下來。然而，由於過去高度積極的行為已經讓伴侶產生了預期，造成許多人在熱戀期過後感覺到空虛，有些缺乏安全感的人，甚至會開始懷疑對方是否不愛自己了。

此外，除了關係中的內在因素，也可能存在外在因素，像是其中一方面臨工作轉換等其他壓力因子，同樣也會影響到投入關係經營的積極度。

態度變冷淡，是分手的前兆嗎？

讓感情自然淡去確實是某些人不想坦言分手的偽裝手法，不明說卻默默離去，希望用冷處理來讓對方知難而退，但這並不是在關係中成熟的作法。

態度冷淡、沉默不語地離開，會讓另一半覺得自己做錯了什麼，而陷入自我檢討的迴圈中，如此一來，只會讓關係更加惡化，嚴重的話甚至會造成雙方的心理創傷。

回歸到感情轉換的過渡期，對於兩人來說本就需要練習與調適，與其擔心受怕，不如透過實際行動來驗證彼此是否能繼續走向下一步。

「成熟的關係是能擁有長時間的沉默，且他們不是奠基在創造張力上，而是以安全平靜為基石。」

——派雅・梅樂蒂，《當愛成了依賴》

熱戀期過後必經的調適：走向永續經營

關係就像植物的成長歷程，發芽、成長茁壯、開花、結果，是最自然的循環，不會永遠停留在單一階段，唯一不變的是，在這些階段中需要我們持續灌溉、給予養分。

在熱戀階段有生理作用為愛情保鮮，生活會自然溢出源源不絕的幸福感；進入穩定期後，則需要雙方持續投入，不能只是被動等待，而是主動為自己創造幸福感。以下提供兩個積極的作為，讓你們的關係更靠近。

✦感謝伴侶，也會讓你萌生內在幸福感

一項關於幸福感的研究[29]發現，維持感恩的心有助於減緩心情上的憂鬱和身體的狀態不適，使人過得更健康、更長壽。其中，幸福感與感激之情高度相關，是受到催產素分泌的影響，因此，對伴侶表達感謝有助於增進雙方的關係。

真正能感受到幸福的人，懂得接收愛並給予愛，感謝就是一種遞出愛的方式。或許對很多人來說，表達感謝只是社交的禮貌，然而，面對能讓我們舒適做自己的愛人與家人，更需要主動地說出感謝，這除了是一種幸福感的自我暗示，也能透過言語表達讓對方知道，促進關係良好的正向循環。

試著向對方坦率地表達，或者將感謝寫在你的日記本裡，像是：

- 感謝對方再忙也抽出時間談心陪伴。
- 感謝對方的溫暖笑容。
- 感謝科技讓相隔兩地的彼此能持續互動。
- 感謝已經走過的相愛時日。
- 感謝對方包容自己的不完美。

✦讓正向激勵加溫感情

此外，你也可以善用心理學的「畢馬龍效應」（Pygmalion effect）。美國心理學家羅伯特．羅森塔爾（Robert Rosenthal）在研究中發現，假設老師對學生的抱持正面期望，學生的表現也會相對積極；受到老師喜愛的學生，在學習成績上容易有大幅進步，而受老師漠視甚至歧視的學生比較有可能從此一蹶不振。在企業管理方面，也有管理者會利用「畢馬龍效應」來激發員工鬥志，創造出驚人的效益。

關係治療師曾以「畢馬龍效應」，**鼓勵伴侶間互相肯定，因為你對伴侶的支持與信念將深刻影響對方投入關係的積極程度**。在關係之中，除了自己的付出，更要看見對方付出，並給予鼓勵與讚賞，哪怕只是對方一個小小的舉動讓你感到貼心，也都要不吝於說出口。

我們總是嚮往愛，卻忘記練習怎麼表達愛。然而，關係的有起有落，才是愛情本來的面貌，兩個全然不同的個體共同經歷人生的迭宕，是幸運也是磨練，正因為你們彼此的差異而能創造更多的可能。

療傷
悄悄話

關係會隨著交往階段不同而有所改變，沒有人一定要扮演某個角色不可，或者必須達成誰的期待。試著在變化之中，找到讓你舒服的理想平衡吧。

1 給走向平穩期的你

根據心理學教授約翰．馬盧夫（John M. Malouff）等人的研究[30]，伴侶一起從事刺激與新鮮的活動能增加親密感與關係滿意度。除了既定的約會行程，你可以邀請伴侶一起挑戰有趣的活動，比如：共同去健身房運動、學習投資理財、體驗山上露營等；或者規劃特別的旅行，像是開發全新的旅遊路線，來創造美好回憶與新的連結。

2 給淡掉分手的你

請記得不要過度檢討自己，遇到什麼人、進入何種關係的模式，都是全新的嘗試。恢復單身的你，依然擁有愛你的家人和朋友，你可以繼續做你享受的事，累積自我的能量，在迎來下一個讓你心動的對象之前，先喜歡上現在的自己。

19

說再見是永遠不見？分手後能否繼續當朋友？

在愛情中，往往因好奇而互相吸引，卻又因為熟悉而產生摩擦。結束關係的當下，有憤怒也有怨懟，彼此的不適合可能來自家庭的差異、價值觀的不同，甚至是對感情的不忠；然而，你卻在冷靜下來以後，再次懷念起他的好。

你想起刻骨的經歷，是他陪伴自己度過最低潮的日子，他曾是支撐你的最大動力，如今分開後卻讓你備感孤獨，不禁想著：「有沒有可能繼續當朋友？」「是否還能回到從前？」

蕾剛結束了一段關係，前任認為自己無法符合蕾對愛情的期望，不想耽誤她而決定分手，但同時也提出了「希望能繼續當朋友」的請求，蕾意識到前任正處於人生的低潮，便不忍心拒絕。如同過去的溫暖陪伴，他們繼續透過訊息關心著彼此，聆聽對方在生活和工作的各種不順遂，雖然分手後尚未見面，但聯繫的頻率仍然相當高。

「我知道自己支持他、關心他，他的狀況會比較好，但又怕自己想太多。」

蕾說她願意依照對方的請求繼續當朋友，同時也覺得自己會忍不住抱有期待，友情真的是兩人最適當的距離嗎？

用友情包紮逝去的愛情，背後的眞相是什麼？

分手時說出「我們還能是朋友」這句話的背後，有時是基於禮貌與尊重，想減輕分離的痛苦；也有些人在傷害伴侶後想以「朋友的角色」扭轉為正向的關係，來掩蓋憤怒和破裂的情感。

愛情散場後，兩人若繼續以友情關係保持聯繫，是出於何種動機，又會造成哪些影響呢？

✦過渡期的陪伴，以減少孤獨感

在剛經歷分手的陣痛期，自我清晰度（「我是誰」的概念）會變得模糊，不僅如此，因為分離而產生的孤獨與焦慮感，將促使我們去找一個能提供安全感的人來陪伴，此時，舊情人可能就是最能信任且關係最緊密的對象。

✦企盼局勢扭轉，渴望再續前緣

藕斷絲連通常是尚未釐清關係。或許是來自於其中一方無法真正放下，仍抱有情感上的依戀，以友誼的方式持續與對方保持連結，希望能找機會復合。

雖然在名義上是朋友關係，但是實際的行動會包含一定頻率的見面與互動。

✦基於禮貌與大局考量

考量現實層面，雙方如果有共同的社交圈、朋友，或彼此是需要經常見面的同學、同事，為了避免尷尬，即便沒有感情存在，仍能夠以朋友的身分禮貌互動，簡單問候。

依據你內心的需求，選擇最適合彼此的方式

關於「分手後是否繼續做朋友」，存在著不同情境與內外因素，你可以發現，沒有哪一個做法是絕對正確的，相關的心理學研究也各自有不同的論點支持。更重要的是能理解自己，再來是覺察對方所抱持的心態，以選擇對彼此最合適的方式。

分手後經歷思緒混亂糾結之際，不妨暫時先讓自己跳脫出來看見全局，你可以問問自己：「我想和前任維持友誼的原因究竟是什麼？」「我們對於保持聯繫的想法是否接近？」

如果你也和蕾一樣，對分手後的關係仍抱有期待，可以先試著辨識那份「期待」的來源是什麼？對關係的需求是什麼？在現況中是否有被滿足？

事實上，蕾和前任的價值觀有著很大的差異，她重視生活與情侶間的儀式感，前任則是把工作擺在第一順位。對前任來說，比起無法滿足伴侶的期待，工作未達到目標所產生的焦慮感反而更大。這也導致在交往的過程中，蕾總是因為感受不到對方的重視而一再失望。

在分手後，蕾想要的並不是這段關係能夠復燃，甚至改變。她明白前任既無法給予承諾，卻也害怕完全失去一段關係，才希望以朋友身分繼續維繫，而蕾答應這個要求的背後，則是自己尚未準備好獨自面對分手後的空窗期。

而蕾在探索之中，抽到的牌卡正是「放下」，長期接收對方負面情緒的她，潛意識裡一直希望自己能夠拯救對方，即便她對於愛的需求無法被滿足，仍有一份無法放下的重擔，將自己壓得喘不過氣，直到「放下」的訊息點醒了她，蕾才意識到自己不該再執著，選擇與對方結束了聯絡。

不論前任怎麼說，更重要的還是你的感受，你是否能想清楚關係為何維繫，又該如何拿捏這份友誼的分寸？選擇拋開一切聯繫的你，將從這份感情中學習成長，淬鍊出更成熟的自己。不論你是否繼續走入下一段關係，都沒有人帶得走這些滋養，因為它們都將成為你生命的一部分。

療傷悄悄話

分手後的失落感，讓你持續將心靈寄託在前任身上嗎？真正的放下，不論做不做朋友，你都將變得更自由，讓我們先學著小心輕放一段關係。

1 根據過去的經驗，列出具體行動方案

放下未了結的情感，梳理過去哪些地方可以做得更好，哪裡可以有所不同。由於我們都只能處理自己的議題，記住從「自身出發」，而非將錯誤推給「他人」，整理好以後更堅定地採取行動。例如，減少接觸與前任相關的人事物，不再檢閱對方的社群動態與過去的訊息。

2 視為練習獨處的時機

習慣有親密關係陪伴的你，一直以來都期待從他人身上得到回饋，

有多久沒有好好的自我對話了呢？回到獨自一人的時光，正好給了你一個寧靜與安全的空間。好好與自己在一起，聆聽並回應內在的聲音，並拿起紙和筆記錄下與自我的對話。

3 觀照自己對愛的需求

緊抓著關係不放的你，背後的真正渴望是什麼？透過這個方式能否得到你想要的結果？釐清之後，你會更清楚自己對愛情的看法，有些時候，你所需要的滿足感並非舊情復燃可以達成，或許告別一段關係，才有機會遇見更合適的對象。

20

激情退去，怎麼和對的人走向下一步？

也許到了某個年紀，清新耀眼的你開始感受到凋零，其實真正讓你黯然失色的不是青春歲月的流逝，而是你開始失去了自我。對社會現實的怨懟、被你隱藏起來的情緒、朋友陷入熱戀的動態更新……都讓你自慚形穢。

反觀隨著彼此越來越熟悉，如同老夫老妻般平淡度日的你們，這段關係漸漸讓你失去了戀愛的感覺。

從小沒有離開過原生家庭的P，在家裡擁有自己舒適的房間，P與伴侶都各自過著精采豐富的生活，下班後偶爾和朋友聚會，每週見幾次面的約會，等到連假再一起度過三天兩夜的輕旅行。P和另一半穩定交往三年了，當對方提出共組家庭的想法時，卻讓P害怕到想逃走。**他擔心結婚生子以後，人生便從此失去一定程度的自由。**

為此，P想透過牌卡來探索：「目前的對象是否是對的人。」然而，在這個問題的背後，P沒有說出口的其實是對「邁向下一步人生階段的擔憂」。

除了無法想像兩人從偶爾約會的小情侶，轉變為日日相見的夫妻，當然還有現實層面的憂心，包含雙方家人的相處、生育孩子所需達到的經濟條件……一想到這些，P便感到相當焦慮。

激情退去並不可怕，重點在於，當前看似穩定的交往關係，該如何判斷是否能與對方走入婚姻呢？讓我們回到自我與親密關係之間的探討。

結婚前的親密關係檢視

面對越重視的事，未知的恐懼就越讓人退縮，婚前若能與伴侶有長遠且足夠的磨合，也有助於對未來建立嶄新的認知與規劃。

首先，可以從規劃短期的目標開始。比方說，以五年為單位，思考在這五年之內兩人可能面臨的議題，以及自己與對方可能發生的改變，並將以下幾項課題納入觀察。

✦與原生家庭的關係

與原生家庭的關係，會影響你與另一半的相處，尤其是當對方與原生家庭關係緊密，那就更需要了解，他們的關係是衝突還是和諧？家庭的互動模式也會對兩人關係造成影響，例如，有些人習慣冷處理父母的管束，婚後可能就難以面對另一方父母的施壓。試著在平時就與伴侶討論，對方將如何在父母與伴侶間扮演溝通的角色，是否能保持合宜的關係距離。

✦對於工作的投入程度

工作性質會影響到投注家庭的資源，可以和另一半聊聊看待工作的態度，倘若對方是工作狂，他會如何進行時間管理，是否能分配足夠的時間在家務分工、家庭休閒活動，以及工作上的情緒是否會影響你們之間的相處？當然，職涯規劃可能是階段性的，每個階段會有不同的時間、精神分配，你們也可以提前溝通討論，做好新階段的家務分工調整。

✦是否認同彼此的交友模式

人的一天當中，花費在工作的時間占多數，相信許多人在交往時都已能接受伴侶的工作型態，然而，下班後如何經營社交圈，包含對於好友的定義、在朋友之間想要建立什麼樣的形象，都會影響到參與社交的頻率、所花費的時間與精力。一旦走入婚姻共同生活，更能感受到對方投注的社交能量，兩人關係也會受其影響，因此，提前了解彼此對朋友的看法也是必要的。

✦和諧的金錢價值觀

對於金錢觀念的衝突經常是隱形殺手，結婚以後需要大量的共同支出以支撐整個家庭，有投資理財習慣的人若遇上月光族肯定會難以適應。如果能在婚前彼此坦承財務現況、未來如何分配家庭的開銷負擔，了解消費習慣與未來的財務規劃，尤其是「共同的金錢規劃」，包含是否買房、生育、生活及額外開銷等，才能在個人財務與家庭經營之間取得平衡。

✦面對壓力的解決之道

生活在同個屋簷之下，最能夠感受到彼此的情緒變化，在交往時，你是否觀察過對方面對衝突或壓力的因應方式呢？是習慣抱怨，還是找尋抒發或療癒的管道？如果伴侶長期無法排解壓力，將會讓關係之間的通道阻塞，難以好好表達、和諧互動，如同親密關係的慢性病，潛伏期長、症狀不明顯，卻會深深影響關係的健康度。

✦日常生活習慣

許多人都說，婚前最好能先同居試婚，可以大致了解彼此的生活習慣是否契合。不過，如果沒有同住的機會就要邁向婚姻，也不是完全無法了解，可以透過長途旅行、較長時間的相處來觀察，盡可能幫助自己描繪出未來共同生活的樣貌，進而適應彼此的習性。

關係平穩之後，如何延長愛情的保鮮期？

若在邁入婚姻之前，因為長期的相處，愛人逐漸變成「家人」，使關係裡的雙方顯露疲態，以下提供兩種方法，幫助你找回戀愛的感覺。

有研究[31]指出，婚姻幸福的夫妻大腦中的「催產素」（oxytocin）含量較高，可抑制腦部杏仁核的機制，緩解緊張情緒，降低防衛心態與恐懼。**伴侶之間如**

果經常擁抱、牽手、親吻，多增加表達關愛的互動，體內的催產素濃度便會提高，有助於維持關係的親密感。

聖地牙哥醫學中心精神醫學專家布朗（Stuart Brown）也表示，人類並不需要一直更換伴侶來維持「性」致，或增加新鮮感，「夫妻共同從事新奇的活動，也能得到較高的滿足，照樣可以為浪漫加分。」他觀察到，能夠經常一起從事新活動的伴侶，彼此的關係較容易維持在「火熱狀態」。

怎樣才是對的人？你需要先著手自己的生命課題

幸福與否，重點在於雙方如何經營與磨合，至於如何走向下一步，包含結婚與生育，考驗的是彼此願意承擔的機會成本是否接近，以及現實層面的經濟資源是否有妥善規劃。當然，想法是會隨時間而改變的，就算遇上對的人，還要在對的時間相遇才行，天時地利人和缺一不可。不論如何都要記得，每個選擇背後都有成本，幸福快樂的本身也包括了對痛苦管理的訓練。

P所抽到的是「活在當下」牌卡，所給予的深層提醒是：專注在此刻。邁入婚姻或是生育小孩，這些都需要規劃，但是對未來過度的擔憂，反而阻礙了當下的勇氣，更重要的是，此刻的你是否足夠喜歡現在的狀態，能拋開雜念與當下的自己共處。

P的真正煩惱不單純是和另一半能否契合，而是害怕自己對婚姻不適應。社會建構了一種美好家庭的刻板印象，好像需要找到對的人、擁有足夠的收入、工作有所成就才能符合經營婚姻的條件。然而多數時候，我們內心的不確定與懷疑，其實來自於「比較心態」。

心理學家利昂．費斯廷格（Leon Festinger）曾提出「社會比較理論」，解釋人們容易模仿媒體中經常出現的典範形象，以他人作為比較的尺度，來進行自我評價。適度的「比較」可以為我們帶來前進的驅動力，但仍要找到自己真實的需要。

找一個「對的人」不是為了解決你的所有人生煩惱，而是在面對這些課題時，能夠彼此信任、相互陪伴。

你不一定要結婚，也不一定要相信愛情。但是，關於「愛自己與愛別人」這件事，過程永遠比結果更重要。在這旅途中，希望你能夠一直記得，喜歡自己必須勝過喜歡愛情。

療傷悄悄話

關係各階段有不同的學習課題，我們都需要耐著心一邊學習，一邊前行。

1 給決定結婚的你

選擇走入婚姻，也請記得，即便是特別懂我們的人，兩個人終究是不同的個體。彼此仍需要保有適當距離，維護各自情緒界限。至於現實層面上的關係課題，當願意彼此擁抱真實，花時間磨合，才能夠真正相互契合。

2 給還在戀愛路上的你

當激情退去，即使相處平淡仍要持續投入時間經營。不論你是否選擇和另一半攜手走向未來，你的生命課題終究是自己的，像是：自我情緒的理解、金錢管理、壓力管理、原生家庭關係，不妨放下對關係執念，花時間探索自己吧！

第六章

成為自己的勇氣，迎向真正的愛與親密

——在一起的時光裡，所有改變都是我喜歡的樣子

所有堅強都是溫柔而生的繭，
接納過去種種，
往後的餘生仍是屬於你自己。

21

在關係裡失去了自由？一點點找回原來的你

在關係中我們經常會希望「能在一起變得更好」，然而，交往之後才發現漸漸地失去自我，生活也不如單身那般自由，不斷妥協、犧牲，讓你不禁開始思考：「到底什麼樣子才是原來的我？」

單身已久的蓉，過去一直深信，一個人也能活得精采漂亮。在事業上衝刺了幾年時間，蓉獲得自信與穩定的經濟基礎，也在一年前遇上了充滿才華的他，他們總是能分享彼此的人生哲理，交往一段時間後雙方決定同居，兩個人的生活也比過往更加緊密。

蓉單身的時期，是一位追求自我實現的女孩，經常利用下班時間額外進修，週末則有固定爬山的習慣。然而，善於規劃個人生活、擁有自己社交圈的她，隨著與另一半交往，逐漸有了轉變。她當然是一位好女友，並且投入相當多的時間在關係經營上，與朋友談論的話題也大多圍繞著伴侶。在言談中，不自覺地將人稱從「我」一變成了「我們」。

直到半年前，蓉的另一半迎來了職涯的轉換，三天兩頭就得加班，不像以前能夠經常約會見面，這反而讓蓉難以適應。她看著伴侶在職場上獲得更多的成就感，自己卻只能面對空蕩蕩的屋子，寂寞時也找不到人可以說話。

不僅如此，蓉意識到自己已經鮮少接觸過去的興趣喜好，於是開始自問，「這樣的生活真的是我想要的嗎？」在一個人的自由生活和難以割捨的感情之間，陷入了掙扎。

單身靠自己，在親密關係中卻失去自我價值？

我們會以為，在關係中失去自我的人，在單身時通常也比較容易對生活感到迷惘，但並非如此，在長達五年一個人的時光裡，蓉全然享受著獨處的日子，也過得非常自信充實。

事實上，是單身的身分認同與關係裡的身分認同，影響了我們看待自己的方式。單身時活得獨立又灑脫，進入親密關係後，並不代表不能繼續保有原來的樣子。

單身時，我們通常能清楚知道如何「仰賴自己的力量」，追尋自我價值；而在進入關係後，卻容易將精神能量過度投注在對方身上，甚至將自我認同建立於關係之上。感情帶來安定，卻也讓有些人比起愛自己，更希望獲得伴侶的愛與認同，然而這樣一來，很有可能會形成不健康的關係依存(co-dependency)。

心理學家斯科特・韋茨勒（Scott Wetzler）提到，**關係依存是會將自己的個人價值和身分認同，建立在「他人需要自己」上**，必須依靠所愛的人來實現自我、獲得滿足[32]。因此，當你的生活目標圍繞著做出極端犧牲來滿足另一半時，就是一個重要警訊。

其實，這樣的改變與過去成長經驗有關，有些人在原生家庭，沒有經歷過被完整關注與被愛的感覺，進入關係後，便會為了填補內心的匱乏，將全部的專注力投注其中。

婚姻和家庭治療師博特尼克（Vicki Botnick）指出[33]，導致關係依存的原因大多源於「父母或主要照顧者」，不論是過度控制、情感或是身體虐待、忽視需求都有可能造成問題。

當個體的需求持續無法獲得滿足，便難法確立自己的價值。

聖路易斯的州立大學心理學教授尚恩博士（Shawn Burn）也提到：「這些孩子習得壓抑自己的需求來取悅難相處的父母，養成了一種長期渴望愛和關懷的生活模式。」

然而，逐漸失去自我價值並不只與自身有關，更會影響到兩人的相處。例如：對方能否投注對等的時間在關係之中、是否和你付出同樣程度的愛？你關注著無法被量化的情感和時間，開始計較起得失。同時，對方也會因為受到更多要求而心生不滿，當彼此產生這樣的念頭時，你們很難擁有快樂的感情生活。

關係中需要健康的依賴

將生活目標感建立在滿足伴侶的需求，是不健康的關係依賴。如果你想找回過去熟悉的自己，有以下三個層面可以幫助你。

✦忠於自己的價值觀

知道自己的喜好，以及什麼對你來說是重要的，而非單方面順從對方的需求，懂得適時拒絕。當然，你也要同理你的伴侶，所以記得告訴他：「我希望你也能表達自己的想法。」如實面對真實的彼此，了解彼此的底線在哪裡，而非委屈求全、一味配合。讓親密關係中，永遠有「我們」也有「我」。

✦持續追尋自我目標

交往需要花時間在關係上，這是必然的，但並不是要你將所有能量都投注於此，如果你們的關係，需要耗費你所有的精氣神，那便是該好好回頭省視的時候了。在一段健康的關係裡，兩個人應該都能騰出屬於自己的時間。

此外，不要停止找尋自己的愛好和興趣，立下的個人目標也要持續精進，像是考取證照、開創第二事業、爭取職位晉升。那些努力經營的生活動能與職涯規劃，會一直滋養著你。

✦不用「自我縮限」來取悅對方

「低自尊者」會用討好迎合的方式來對待伴侶，且深信這樣能得到更多的愛，但如果有一天，你開始學會表達想法、展現自我時，對方的態度卻因此轉為冷漠與厭惡，這真的是愛嗎？早日接受彼此最初的樣貌，關係才更有可能長遠發展。

即便進入關係，我們都該擁有屬於自己的小小宇宙，在工作、社交、興趣之間盡情探索。不要忘記那些讓自己充滿熱情、對生活感到振奮的興趣嗜好，多和不同的人交流，持續為你的生活注入活水，敞開心胸建立與外界的連結。

後來的蓉，雖然曾考慮過回到單身的狀態，但輕易放棄眼前的對象其實是更痛苦的，於是，她決定開始重拾過去的興趣，並投入社交活動，在愛情關係裡繼續保持心態上的自由。

在平衡的關係中，伴侶間學習互相支持，而非羨慕嫉妒。各自追求興趣、保有社交空間，我們都能夠既相愛又互相獨立。兩個人共同分享一路上美好的景色，揹起各自的行囊，裡面裝的仍是屬於你、讓你感到踏實的禮物。

療傷悄悄話

你是否對情感產生過多依賴，忘記獨立的自己是如何生活？或許你可以嘗試以下方法來突破：

1 想像沒有伴侶在身邊的一週

如果雙方能達成共識的話，可以試著調節兩人見面的頻率，多留一些獨處的時間給自己。或者平時幫自己建構一個情境，想像你回歸自我會是什麼樣子？你會投注多少精神能量在自己身上、將哪些事物作為生活動力、喜歡和哪些人分享心情？你會發現自己一個人也能擁有美好的時刻。

2 找到「我」與「我們」之間的平衡點

對於自己戀愛後產生的變化，你是否也有察覺呢？若發現自我變得渺小，第一件事情不是思考分手，而是找回你對生活熱情的初心，面對愛情有時不是直接關掉視窗，而是按下重新整理，清晰畫面就會再次出現，保有自我與戀愛關係並不是非黑即白。

22

放下傷痛，學習臣服而非屈服

要接受分手的事實確實不容易，然而，一再地逃避抗拒、自我麻痺反而會讓你傷得更深。想要走出感情創傷，需要用更溫柔的方式，才有機會重拾愛人的勇氣。

瑤與前任從交往初期便是無話不談的知己，在交往期間也共同存下結婚基金，原以為要和另一半步入下一階段，卻因為對方的不忠，毀了五年以來珍視的情感。瑤覺得一定是自己有所輕忽，對方才會在無預警的情況下移情別戀。

遭到前任劈腿傷心欲絕，瑤的心像是破了一個大洞，每天用不同的方式來填補少了另一半的生活，薪水拿去買精品、參與朋友各種酒局、跑社交派對，積極發布限時動態讓全世界都知道自己很好，也像是在和前任宣示：**「沒有你，我也可以過得很快樂。」**

瑤始終覺得，只有這麼做才能感覺到自己活著，一旦閒下來，心裡就會被負面的念頭籠罩：「你比不上第三者。」「你就是不夠好才會被拋棄。」而到了夜深人靜，瑤總是輾轉難眠，只好讓自己在外面逗留，用工作填塞時間或者忙於各種社交活動。

看著因為暴飲暴食而變得臃腫的身體，還有瘋狂購物的信用卡帳單，瑤認知到自己必須做出改變，曾堅信前任是靈魂伴侶的她，開始思索該如何走出傷痛、放下這段關係。

你所遇見的每段關係，都是此生的修行

放下一段感情之所以不易，是因為我們無法全然得到一個理性的解釋。有時，你已經花上一段時間自我整理，卻還是擺脫不了認為自己是「受害者」的想法，覺得世界虧待了你，甚至試圖想要尋找他人的「不幸」來自我安慰。

事實上，完全理性的思考很難讓人跳脫出困境。光是「我們為什麼會愛上一個人」，都無法理性解釋了，那又何必要求自己在感情結束後，用邏輯推敲出分手的真正原因呢？如果始終沒有找到正解，你是否就會受困於原地而無法走出？

在經典電影《花神咖啡館》中，男主角安東與女主角卡洛琳相愛了二十年，走過學生時代的青春歲月並結婚生子，在外界眼中，他們是天生一對。然而，安東卻在婚後的某個時間點，遇上了青春貌美的羅絲，選擇與她共度餘生，卡洛琳則在多年的關係中突然遭到拋棄。

安東與卡洛琳陷入了分離的迷惘之中，各自向心理師與靈媒求助。卡洛琳無法理解如同靈魂伴侶般的丈夫為何出軌，安東也無法釋放自己背叛妻子的罪惡感。既然早已認定彼此為靈魂伴侶，為什麼依然會在多年以後，面對痛苦的分離呢？

事實上，「靈魂伴侶」只是關係中的一種形式，其他還包含「雙生火焰」和「業力之愛」，它們背後也都有各自的人生議題。對此，凱特・蘿絲（Kate Rose）在《我需要你的愛，更需要找到自己》一書裡也針對三種愛情原型進行了詳盡的解釋。

靈魂伴侶：通常是「看起來對的人」。可能是在你低潮時現身，讓你感覺自己「被拯救」了一樣，又或者是在某個時間點，隨緣分來到我們身邊。這樣的關係往往會受到許多人的支持，你們最終可能會結婚生子，也可能會各自展開自己的生活。

業力激情：為「我們希望是對的人」。這種模式的愛情通常進展神速，卻會隨著感情加溫，迎來各種謊言與痛苦，你們在互相傷害和爭吵後，仍以激情或性愛作為和解手段，關係比較有容易陷入惡性循環。

雙生火焰：則是「感覺就是對的人」。可能是在你結束一段關係後，那個「對的人」才出現，沒有一定的規則可遵循。然而，這樣的愛並不容易，因為不僅要在關係中相伴，也能使你繼續保有獨立的自己。

在電影中，女主角從理性到靈性探詢而得到了種種線索，她的生命課題是：**「接受自己的靈魂伴侶，遇到了他的雙生火焰。」**最終，卡洛琳在這樣超越理性的視角中，原諒了丈夫與自己。

不論一段感情如何結束，重要的是，你開始認識到每一段關係帶給自己的人生課題。除了更明白什麼是愛，藉此挖掘更深層的自我之外，更拓展了你對生命的理解，從價值觀到其他與「愛」有關的人際關係，讓你可以踏實地朝著下一段關係邁進。

其實你從來沒有真正地「失去」什麼，只是在關係的變化之中跟著浮浮沉沉。學著臣服、接納生命流入的一切，修行過後必然會迎來最適合你的安排。

眞正的放下是臣服，而非屈服

面對逝去的愛情，我們都知道要「放下」，才能讓心真正解脫，但許多人可能會「心口不一」，陷入自我拉扯的心境中。比方說，明明無法擺脫與對方有關的回憶，卻用酒精和工作痲痹自己，這麼做反而會製造你內在與外在的衝突，讓你的身心變得更加混亂。

加州大學精神科臨床教授茱迪斯・歐洛芙（Judith Orloff），在行醫工作的二十幾年間，逐漸體認到臣服（surrender）的重要性。她在其著作《臣服的力量》中提到臣服的定義：在適當的時機優雅地放下，接受事實。沿著生命的週期順流而下，不要執迷於人和結果。

真正的放下應該是「臣服」，而非「屈服」。所謂臣服，並不是屈就於某人某事、向它們認輸，而是有意識地放棄一部分的自我，當然也包含逝去的關係。臣服是接納、是不再抵抗，是原諒自己，臣服以後才能真正地放下。

生活中你應該也有在商場搭乘手扶梯，發現自己多下了一層的經驗吧？這時候的你，不會選擇推著推車對抗阻力，從原路折返回到上層，而是多花一點時間走到更遠處搭乘電梯，讓你可以順利抵達目的地，臣服也是如此道理。你接受眼前既定的事實，不加以抵抗，而是依循電扶梯運行的規則，雖然繞路會花上額外的時間，其實卻會讓你更為輕鬆。

此外，臣服還需要放下對未來的掌控慾。或許對你來說，這段已逝的感情打亂了你長期以來的步調，你認為這樣的傷害剝奪了原屬於你的一切，作為輸家的你似乎別無選擇，只能屈服於現實，卻依然心懷不滿。然而，未來本就是充滿變動的，人生道路並無所謂的捷徑，也不存在唯一正確的道路，繞路後所見的風景也許一樣美麗。

> **你的獨一無二，會讓你遇到值得去愛的人。**

要相信有限的人生裡，永遠可以創造無限可能，不要停下腳步，或是因為恐懼而不敢追求，也不要活在他人眼光之中，因為只有你才會知道，自己真正需要的是什麼。

所有堅強都是溫柔而生的繭，接納過去種種，接下來的日子請對自己更加溫柔。前一階段的課題修行完畢，往後的餘生仍屬於你自己，打開心扉等待陽光透進來的那一天，你將遇見一個全新的自己。

療傷
悄悄話

想走出傷痛，需要整理過去並且原諒的真正方法。

1 如實寫下這段關係教會你的事

你的存在與過往所經歷的愛情模式都沒有真正的對錯，只要記得：「你有能力在每種形式的關係裡，習得該階段的課題。」這麼一來就沒有任何相遇是枉然的，你無需責怪自己，離開與放下都需要時間，但這些都是進到下一個階段前必經的歷程，寫下關係教會你的事，不論來自對方，或是你自己的新體悟。

2 學習真正的原諒，放過自己

經歷了結束一段感情的痛苦，當然，你不需要合理化對方所造成的傷害，你要做的並不是純然的「寬恕」。寬恕是化事為無，然而感情傷害是真實存在的，不用讓自己假裝忽視它，不過度壓抑自己的情緒，你需要做到的是「真正的原諒」，不再為了過去的經歷來自我懲罰，你已經做到了當下最好的處理方式，現在的情況對你來說，便是最好的結果了。

23

重新與身體連結，療癒致病的情感

心靈的傷身體會記住，真正的療癒不只是撫平內心的傷口，更需要傾聽你的身體，讓受傷的靈魂重新回到健全的身軀，帶你走向嶄新的生命。

A結束前段感情一陣子後，漸漸解開心結，失戀的傷也開始癒合，與她聊了幾次，A提到自己困擾的是無法提起精神，經常感到疲累，壓力一來便全身緊繃，總得花錢按摩才能得到暫時緩解，但沒幾日又感到全身無力。

由於工作是輪班制，她會利用休假空檔補眠，但怎麼睡都還是精神不濟，這樣的狀態也讓A對於生活感到更加無力，即使列了許多新目標，卻只能維持三分鐘熱度，難以有效地執行。

那次陪談，A抽到「滋養」的牌卡，與她聊到近三個月生活起居以及對待自己身體的方式。A坦言在這段期間，她展開了嚴厲的瘦身計畫，一方面想轉移失戀的注意力，另一方面也希望自己的體態變得更好。A認為過去的身材是讓自己在愛情中屢屢挫敗的原因，然而，在嚴厲的節食和鍛鍊之下，其實已漸漸超出了負荷，出現內分泌失調的情況。

事實上，真正的療癒是需要身心合一的。若身體與心靈不同步，很有可能是運用了錯誤的方式來轉移痛苦，向你的身體預支能量，導致身體超出負載時反而對你的身心形成更大的反撲。

身體反映出你受傷的心靈

構成我們每個人的「身心靈」，包含了身體、心理與靈性，後面兩者在前文談了許多，也是大家在自我探索時經常接觸到的課題。然而，身體是支持著我們生命的力量，它的重要性更不容忽視，其中，內在情感跟身體究竟存在什麼樣的關係呢？

談到失戀，大家多半會從心理層面進行療癒，開始閱讀相關書籍、尋求心理諮商或靈性療癒等等，這些都有助於穩定內在的心理狀態，但我們有留意到身體正在發生哪些變化嗎？

臨床心理學家克里斯汀・比安奇（Kristin Bianchi）在接受美國媒體《INSIDER》受訪[34]時表示，**經歷分手，身體可能會將其視為緊急狀態而進入「戰鬥或逃跑反應」（Fight or flight response），並且觸發壓力賀爾蒙**。此時，身體會感受到肌肉緊繃、食慾不振、胃腸系統失序、失眠，若長時間處於高度警覺的狀態則會導致頭痛、胃痛和肌肉酸痛。

另外，根據美國實驗心理學家伊森．克羅斯（Ethan Kross）的研究[35]，讓意外分手的人看前任的照片，並想像分手過程，發現他們在大腦中被喚醒的部位和身體感受到疼痛後被喚醒的部位是相同的，說明了遭遇分手和身體疼痛對大腦會產生相似的反應。

失戀一段時間以後，有些人會覺得自己已經沒事了，然而，正面的狀態往往維持不久，過一陣子又再度感到提不起勁，這正是要你好好聆聽身體聲音的訊號。**那些大腦的傷痛是否還藏在身體裡，讓你僵硬、疼痛、倦怠乏力？**

請記得，就算沒有愛情的滋潤，也該好好滋養身心靈。你的身體是最誠實，也最忠誠的一部分，它會反映你每個時期的狀態，只要你仍有呼吸、運動（移動）與思考的能力，就可以持續透過傾聽身體，展開全新的自我療癒之旅。

有意識地和身體展開連結

「愛自己」的根本，應該從愛惜身體開始。我們日復一日仰賴大腦來思考，卻忘記注意自己身體的真實感受，或者過度在意身體的外在容貌，比如身材、穿著、髮型、髮色，卻忽略了身體本身的變化。

現在，花三分鐘的時間靜下來想想，你這陣子有好好愛惜自己的身體嗎？是否有覺察到每個細微的生理變化？目前你的身體有哪些徵狀呢？

貝塞爾．范德寇醫生（Bessel van der Kolk）在《心靈的傷，身體會記住》一書中提到，心理創傷會在我們的心靈上，在我們擁有欣喜和親密的能力上，甚至在我們的生理和免疫系統上留下痕跡。

心理治療師薩莉．泰勒（Sarie Taylor）在科學新聞網站《Live Science》也提到，我們的思想和身體是無法分割的，兩者有著內在的連結，它們相輔相成地運作，壓力大時會使身體和精神層面都感受到疲累，而形成所謂的「身心俱疲」[36]。

許多人長期肩頸僵硬、偏頭痛卻不自知，甚至連腸胃、皮膚都浮現出了小問題。此外，也可能是在不自覺間，養成了有害身體的習慣，例如報復性熬夜、暴食、三餐不正常、過度的重量訓練，以及對菸酒成癮等等。這些行為不但沒有真正療癒你，還可能對身體產生有形的耗損。

想要從根本上治癒自己，就得先對身體狀態有所覺察，哪些與心理層面有關？以及在這些生理問題發生時，自己處於什麼樣的情境裡。

請你每日騰出幾分鐘時間，可以是固定在早中晚的某一時段，或者入睡之前，有意識地進行以下練習，讓身體與心理有更好的連結，真正地展開自我關懷。

✦覺察身體的變化

過去的你，可能受困於工作的壓力、痛苦的創傷，使腦子不停地運轉，長時間下來造成身體部位緊繃，加劇身心的負累，沒有多餘的心力「去感受」，然而，自我療癒最重要的就是先有感受、再去覺察。

在某個時期，你會感受到自己的身體特別疲倦，難以提起精神，這些變化都與你如何對待自己的身體有關。試著到一個安靜的空間，緩慢、深沉、有意識地呼吸，把氣息運送到各個部位，感受它們的狀態，讓緊繃的地方放鬆下來。接著，透過日記寫下每天身體的感受，回顧自己在飲食、運動、睡眠層面做了哪些改變，是否朝著正面的方向調整。

在覺察的過程中，有一點非常重要，那就是純粹地用心「去感覺」，停下所有「批判」。當你的自我概念受到威脅，可能會本能性地用批判的方式與內在自我對抗，陷入「反芻思考」（Rumination）之中，反覆想著發生在自己身上的負面事件，不停將問題放大。像是覺得自己的皮膚不夠好、身材不夠纖細等等。

面對自己的身體，有時只要用心觀察就好，如果開始自我評價，則要立即喊暫停。

✦滋養你的身體

所謂「滋養」，是提供身體所需的養分、進行日常保養，也要能讓身體充分休息。請記得，不是在你生病時才開始關照身體，平時就要試著感受它有哪些尚未被滿足的地方，觀察每一個部位，從軀幹、臉部，甚至是腳上的繭，讓你能感受到每一天的狀態都更好、更舒適。

再來，提供身體所需要的養分，不過度鍛鍊或極端飲食，身體必須保持長期恆定的狀態，在飲食上找到最符合身體需求的方式，觀察自己攝取多少的熱量，與哪些營養成分等等，能最有效提供你精神與能量。

你可以尋求專業營養師協助，也可以善用**正念飲食**（Mindful Eating）。約瑟夫·納爾遜（Joseph B. Nelson）在研究[37]中提到，正念練習幫助人們更加有意識地生活，而正念飲食是專注在個人對食物的感官意識和體驗食物的方法，不對食物帶有評斷，目的是享受當下、充分品味食物。

在進食之前，仔細觀察食物的質地、聞起來的味道、入口後的味蕾感受，再慢慢地咀嚼它。透過練習，感受飲食對身體的正面影響。

✦喜歡你的身體

你是否夠喜歡自己的身體呢？有些人在經歷感情挫敗後，可能會產生嚴重的身材焦慮（body shame），甚至為此花大錢整形、過度節食。

美國完形治療師與關係專家凱特琳·康托爾（Caitlin Cantor）在《今日心理學》（*Psychology Today*）雜誌上提到[38]，**身體焦慮真正的問題不在於體重，而**

是關係上的障礙。非理性的信念會告訴你，只要我們能夠達到某些難以實現的目標，一切都會變好。

然而，對你來說，除了正視冰山下的問題，是否擔心自己不值得被愛、陷入價值感低落的狀態之外，面對自己的身體時，比起著眼於不完美之處，應該懷抱感謝並用正面的語言跟它對話。像是：「感謝身體為生命帶來的美好。」「感謝雙腳帶我探索世界。」好好地感受它、喜歡它，不再對身體過於苛刻與壓抑。

也許你會認為，這些方法知易行難，但事實上，當你開始執行，身體便會持續給予你正向的回饋。重要的是行動，只要你能感受到每一天比前日更有精神，就能踏實地繼續前進，成為自己最強大的力量。

療傷
悄悄話

透過自我關懷來善待自己，可以嘗試簡單的方法，釋放壓力療癒你的身心靈：

1 像照顧其他生命一樣照顧自己

想像自己關心他人時，是多麼溫柔地悉心對待。疏於照顧身體的你，試著把這樣的關心放在自己身上，想像你的身體是一盆植栽，你需要提供它足夠的水源和適合的土壤，時時觀察它的生長，並且給予全面的愛護。

2 擁抱自己感受被安撫

除了覺察和正念，還可以透過實際的肢體動作，釋放「我有好好對待身體、對待自己」的訊息。運用深呼吸，將雙肩放輕鬆，並張開雙臂擁抱自己，以達到安撫的效果，你可以選擇特定的時間進行，在每天書寫日記觀察身體狀態以後、早上起床或是就寢之前，這將帶給你滿滿的療癒之力。

24

受困過去、焦慮未來？當下才是最強大的力量

你正受到痛苦回憶的糾纏，或是對不確定的未來感到焦慮嗎？這時候的你，思緒裝滿了大腦對於過去和未來的「想法」，然而，不管是面對自己或關係，你都需要回到當下，才能再次體驗到踏實真切的幸福。

分手後的璇，進入了一段新的關係，晦暗的世界再次透入暖陽。然而，交往幾個月，璇便發現自己受到過去感情創傷的影響，難以卸下心房，例如伴侶出差、參加員工旅遊，甚至僅是有異性同事的餐敘，都會讓她感到不安，深

怕對方做出對不起自己的事情，又擔心追查行程會引起對方不悅，內心備嘗煎熬。

而即將邁向三十歲的璇，也日漸焦慮，她不確定兩人是否有能力組織家庭，開始擔心經濟開支、生兒育女、與對方家長的相處，總覺得兩個人都還沒有準備好面對未來。

此時此刻的她，並非真正感到快樂。璇開始整天懊惱，不斷地胡思亂想，受困於過去、焦慮著未來。

被過去與未來綁架，將減損愛的能量

璇也多次抽到了反映內心狀態的牌卡：「活在當下」，即使我們知道專注於當下的重要性，卻鮮少有人意識到自己正在逃避。所謂的「活在當下」並不是即時行樂，而是讓你的身心靈內外一致，全然地接受「此刻」，並且獲得平靜與和諧。

在關係相處之中，最大的力量存在於當下。過度沉溺於過去或擔憂未來，則會為關係帶來損害，即便我們都知道，是過去的情感經驗造就了自己，形塑出「我是誰」的自我概念，然而，不論是來自原生家庭或是過往的親密關係，都會讓人對當下產生恐懼。在這樣的情況下，非但難以單純地享受當下，也無法在關係中真正感受到雙方愛的能量流動。

過去造就了現在的你，而你對未來不切實際的期望可能再成為痛苦的根源。美國心理學家伯納·高登（Bernard Golden）指出，與親密愛人的日常互動，會暴露出我們脆弱的一面，包括恐懼、自我懷疑、羞恥感等等。**當我們還沒有完全接受自己時，可能會在親密關係中感到特別焦慮，甚至想要退縮或遠離。**

另外，過度思考著未來，暗示著無法接納「不夠好」的當前，甚至會讓你開始否定現狀，不自覺將這樣負面思維帶入關係之中。心理治療師勞拉・申克（Laura K. Schenck）提到[39]，思緒被困在未來，會產生心理僵化（psychological inflexibility），讓我們只能在自己的想像中活著，拒絕接受原本現實的樣貌。

有人汲汲營營想要讓彼此更好，為了讓自己未來在關係相處上可以舒服一些，只要一發生問題，甚至是還沒發生的問題，便完全不顧當下的情境與時機，想要立即溝通、尋求解決辦法。然而，這樣的方式通常會讓人產生無法控制的情緒，變得焦躁、不耐煩，讓溝通淪為批評與抱怨。

學會擁抱眞實我 發揮當下的力量

面對未來，我們或多或少會在心裡默默建立一個期望值，期待關係可以走向「更加美好」的樣子，反而在美好未來抵達之前，一直無法回歸本心踏實地生活。像是璇對未來抱持著較高的期待，希望能有自己的房子、並且在良好的環境孕育下一代，但也正因為理想跟現實之間的落差，讓璇更加不安。

根據哥倫比亞大學心理學教授愛德華．希金斯（Edward T. Higgins）於一九八七年提出的自我差距理論（Self-Discrepancy Theory）中，每個人都有三個「我」。

- 「真實我」（Actual Self）：你現在的樣子。
- 「應該我」（Ought Self）：他人期許我們的樣子。
- 「理想我」（Ideal Self）：你想成為的樣子

「真實我」與另外兩者的差距稱為「心理差距」，心理差距越大，我們越容易感到焦慮、失望、挫折感，甚至產生羞恥感等負面情緒。

不僅如此，延伸到伴侶關係也可能發生同樣的問題，由於對伴侶的期待與真實存在落差而產生不滿。這時候你需要了解的，並不是如何改變對方，而是你的期待背後來自內心深處的哪些缺口，是不是將你的慣性自我批判，投射到了伴侶身上？而這些自我批判是不是因為長期與他人比較，不斷追求「理想」而產生的？

久而久之，看似有許多選擇的我們，其實只是一直在抵抗現狀，而越是抵抗就讓你越痛苦，忘記怎麼好好過日子。

請提醒自己，活在當下並不等於放縱生活，也和擁有未來計劃不衝突，你需要做到的是，只要在你能掌握的地方對得起自己，單純享受過程就好，無須以未來的目標批判現在的自己。自我批判會讓你過度關注自己的缺點，長期下來，反而容易對心理產生負面影響。

以下提供三個簡單的練習方法，讓你學習體驗活在當下。

✦讓自己像個孩子一樣打開感官

重新像個孩子一樣地活著，與自己（或與另一半）相處時，適時安排放鬆的時刻。不特別做什麼，也能喜歡原來的自己。在放鬆下來之後，打開你的感官，學著「感受」而不是只有「思考」，仔細品嘗吃下去的食物，觀賞沿途的景致變化，聆聽自己的呼吸聲，在當下保持平靜，釋放過去與未來帶給你的壓力。

✦正念練習，從無意識拉回到當下

隨時關注自己的心智，若你開始煩惱過去或未來時，讓自己快速地抽離。比方說正在走路時不自覺分心的話，就開始觀察自己行走的狀態，包含步伐大小、行走速度、走路姿態，練習讓自己的意識回到眼前的此刻。

✦適度抽離世俗回歸本心

我們無法改變過去，也難以控制將來。試著透過冥想、覺察身心狀態，或者每月規劃一次小旅行，遠離城市的喧囂，把自己從忙亂的生活中抽離，屏除掉外界的雜音。

以上這些練習除了從自身開始做起，你也可以記錄下自己的身心變化，並邀請伴侶一起參與其中，享受當前的美好，彼此提醒，共同成長。在追求理想的人生目標之餘，擁抱已然存在的幸福。

療傷悄悄話

透過以下方法，和伴侶一起擁抱幸福的每個當下。

1 與伴侶計畫未來的同時，也要享受過程

想要改變現狀、規劃雙方共同目標的同時，別過度追求完美主義。只要能在關係中彼此付出，感受真誠的愛，自然就能減少失落與苛責。

2 相處時留意大腦出現的想法

花時間去了解關係背後的自己，存在哪些期待以及曾經受過哪些傷害。你對於關係的感受可能源自於過去的經驗，才會讓你的大腦對某些情境產生特定情緒。試著誠實面對自己並關照內在，為彼此留下更多獨處與思考的時間。

附錄

陪你面對關係黑洞的五大牌卡
——給初心者的挑選指南

本書的陪談故事，主要是透過療心卡，帶領讀者重新覺察受到限制的信念，進而探索自己的內在。如果能為自己準備一、兩副牌卡，作為療癒時的輔助工具，便能在需要時進行自我陪伴，尋找內在資源。

如何挑選適合自己的牌卡？

坊間的牌卡種類繁多，包含占卜卡、主題卡、投射卡、正向卡、天使卡、神諭卡等等，如何選擇在於你的用途，像是想探索什麼議題以及使用情境。以用途來說，想覺察潛意識或者他人的想法；以議題來說，可以分為愛情、人際、職涯、金錢等；以使用情境來說，是用於個人或是伴侶、朋友之間，甚至是團體。舉例來說：

- **關係、自我成長議題**：適合療心卡。
- **情侶相處議題**：適合使用互動式的關係同步牌卡。
- **職涯發展議題**：適合生涯卡。
- **探索情緒感受**：適合情緒療癒卡。
- **金錢議題**：適合金錢覺察卡。
- **想提升自我肯定感**：可以從正向卡、天使卡、彩虹卡入手。

以上這些牌卡都能幫助你透過潛意識投射，進行覺察。

如果想要占卜未來，那麼，塔羅牌是最耳熟能詳的工具。至於神諭卡，則與塔羅占卜有些不同，神諭卡是能協助看見當下「內在」的狀態並提供指引，讓你跳脫思維框架。前者提供的概念像是：明天天氣不好，先不要出遠門，後者則是：現在下雨，你的心情可能會受到影響，但過幾天可能會放晴，應該等待美好的天氣。

初心者適合以文字作爲提示輔助

大多數的牌都有圖像與文字。根據不同的卡種，可能是圖像與文字互相搭配，也可能是偏向使用其中一方。對牌卡初心者來說，通常使用目的是進行自我探索，比較推薦使用文字或圖文兼備、有牌義解說的牌卡（通常在使用說明書中會提供）。

由於圖像的自由聯想，需要個人的直覺力與認知能力，一開始有牌義的提示，會讓你使用起來更加流暢，像是療心卡、天使卡。

當然，在百花齊放的牌卡中，最重要的還是用起來順手，並且對自己有所啟發。如果你開始進入牌卡的世界，便能感受到它帶給你的能量與行動指引。

若想探索更多關係議題，推薦你從以下牌卡開始：

療心卡

投射牌卡，由台灣專業輔導工作者周詠詩老師手繪設計，共有42張圖文相呼應的牌卡，包含21張滋養組、21張陰影組，內附有中文說明手冊與一本塗鴉手冊。

✦適用對象

自助、助人工作者。

✦牌卡特色

如同你的心靈ＯＫ繃，圖文淺顯易懂。個人獨處時可以展開自我對話，也適合與朋友、家人一起探索，目前許多助人工作者如：心理諮商師、輔導老師、社工師與陪談師，都將療心卡作為幫助個案的輔助工具。

✦使用時機與方法

可用於自我覺察，看見潛意識當下的狀態，能針對你正在困擾的事，提供指引或單純給予祝福。探索議題廣泛，舉凡愛情、人際、職涯、親子關係等都可以運用。療心卡並非用於占卜未來，而是反映當下心靈世界的狀態。在翻閱手冊之前可以先透過直覺寫下個人的詮釋，形成一套你自己的理解。

✦基本操作

1. 使用紅色滋養組的牌，抽一張，作為一天的祝福指引。

2. 針對特定議題或近期狀態問一個問題，分別抽一張藍色陰影組及一張紅色滋養組，進行內在探索。

3. 針對特定議題或近期狀態問一個問題，在整副牌卡中一次抽三張，進行深入的探索。

可以搭配心靈塗鴉與自由書寫，亦可以運用本書所附的牌卡日記。

安全卡

屬於投射牌卡的一種，由愛心理創辦人吳姵瑩諮商心理師推出，包含50張情境字、50張情境圖卡與中文使用說明書。

✦適用對象

個人、團體與班級工作。

✦牌卡特色

安全卡畫風療癒，以「內在小孩」為核心來建立圖像，以依戀風格、恐懼理論為基礎。如果你最近缺乏安全感，或者屬於不安全依戀類型者，可透過這副牌卡來自我陪伴，並且做出實際的改變。安全卡集結了日常會引起情緒的50種情境，投射出使用者的生活事件或內心世界，探索更深層的感覺與想法。

✦使用時機與方法

在關係裡受傷的你，是否經常覺得焦慮不安？當你感到恐懼、缺乏安全感，並想安定心靈時，可以使用安全卡，透過牌卡的圖像連結到內在小孩，達到自我陪伴與自我療癒的效果。

✦基本操作

攤開所有牌卡，從中選擇一張讓你最有感覺的圖，接著觀察圖片中代表自己的意象，再來進行心靈投射與自我對話。你可以透過牌卡圖像進行聯想、說故事，也可以透過文字寫下自己對安全感的覺察，並記錄這些自我對話的歷程，更加理解自己。

除了自我對話，安全卡也可以用於伴侶、朋友之間，進行深度對話，其它牌陣的運用可以參見說明書。

A Couple Minutes 關係同步卡

由女人迷所推出的牌卡，共有99張問題卡、5張功能卡、5款主題卡。

✦ 適用對象

在關係中的情侶、夫妻。

✦牌卡特色

牌卡的功用除了自我陪伴，也能增進關係相處，而關係同步牌卡針對戀人們而設計，適用於廣泛的情境。根據交往的時間選擇等級來開始，玩法與進行方式可以參照提示手冊，或是自行設計。要點不在規則而在於與對方的暢所欲言。若要比較深入地談話，可以聚焦在想探索的議題。

✦使用時機與方法

想找回情侶之間溫度、增進溝通打破沈默，練習把愛說出口，按照關係階段，如：曖昧期、熱戀期、穩定交往等選擇對應的等級。

✦推薦用法

主題卡：針對不同情境設計，像是第一次約會、週末在家、冷戰時間，幫助兩人梳理思緒，將那些「想說卻說不出口的話」表達出來。

問題卡：從等級一到三。等級一，讓彼此更了解；等級二，進一步抒發個人想法；等級三，邁向私密的試探。依照順序或隨機抽牌，可以交互抽牌，輪流回答或是抽牌者回答。

舉例來說，在一起兩到三年的情侶，想了解對方對自己的想法，可以直接從等級二開始，你可能會抽到「我們在一起之後，你有變得更喜歡自己嗎？」再從伴侶的回答中，思索這段關係帶給你們的影響。

另外，還可使用5張趣味的功能卡，Pass、Kiss、Hug等，增加兩人之間愛的互動。

愛的絮語卡

屬於神諭卡（Oracle Cards）的一種，由靈性治療師安潔拉·哈特菲爾德

（Angela Hartfield）設計，包含50張牌卡與72頁英文使用指南，台灣通路附有中文翻譯冊。

✦適用對象

探索愛情關係、牌卡初心者。

✦牌卡特色

畫風神秘柔美優美，無論是否正在愛情中或正在尋找伴侶，透過這副牌可以帶給你提示訊息與方法，更懂得愛人與被愛。

✦使用時機與方法

針對愛情中的困擾隨機抽一張，協助你與內在直覺連結，看清所處情境。

✦推薦用法

關係牌陣：它可以協助你釐清與對方的關係，提問的問句像是：「請為我與——的關係提供指引。」接著透過同樣的抽牌步驟，憑直覺抽出四張牌卡，由左到右依序排列：

1. 代表自己，此時此刻的你為關係提供了什麼。
2. 代表對方，此時此刻的對方為關係又投注了什麼。
3. 上述兩者綜合起來的新能量。
4. 面對當前狀況的洞見或指示。

針對上述各張牌與關係處境進行連結，同時觀察牌卡的圖面，若有更多的念頭閃過，可以一併記錄下來。

浪漫天使指引卡

屬於天使卡，由美國心理學家朵琳・芙秋博士（Doreen Virtue）設計，內含44張浪漫天使指引卡，附有中文手冊一本。

✦適用對象

探索愛情關係、牌卡初心者。

✦牌卡特色

針對愛情進行解讀的天使牌卡，不論是想探索的新戀情、療癒情感傷痛，或是渴望與伴侶享受更富情趣的生活，為你解讀內心正在煩惱的感情問題。

✦使用時機與方法

不論是想探索親密關係、突破現有關係的課題，都可透過浪漫天使提供的訊息來獲得提示指引。

✦推薦用法

當日能量指引，以及關係日記書寫。

例如，向牌卡提問：「為今日提供一個愛的指引。」或是「請牌卡提示關於某個感情的問題」，接著洗牌、閉上眼睛，做3次深長的呼吸，睜開眼，憑直覺抽一張牌。

首先，不要急著閱讀牌意，先從圖面開始，專注審視牌卡30秒，想著這張牌給自己什麼樣的感覺，例如：沉靜的、充滿希望、活力的等，並動手寫下來，這個過程會提供你愛與療癒的能量。

再來，閱讀牌卡的提示訊息，與提問做連結後，你第一個直覺想到什麼？這是牌卡給你的重要線索，同樣需要記錄下來。接著，重複思考著這張卡如何反映出你目前的處境與疑惑，有沒有額外的念頭出現？翻閱牌卡手冊閱讀牌義，在解讀時同樣保留你的感覺與意念。

牌卡的購買管道：目前常見的網路通路包含：博客來、左西購物網、卡卡居、佛化人生、女人迷等，在選購時可以特別注意中英文版本的差異。

physical symptoms. *Journal of Happiness Studies: An Interdisciplinary Forum on Subjective Well-Being*, 20(4), 1071–1088. https://doi.org/10.1007/s10902-018-9988-9

30. John M. Malouff, Susan A. Mundy, Tamika R. Galea and Vicole N. Bothma, "Preliminary Findings Supporting a New Model of How Couples Maintain Excitement in Romantic Relationships," 15 May 2015, https://doi.org/10.1080/01926187.2015.1034634

31. Chemial News Today, "Oxytocin: The 'relationship crisis hormone'?"

第六章　成為自己的勇氣，迎向真正的愛與親密

32. Joseph Goldberg, MD, "Are You in a Codependent Relationship?" 7 August 2014, https://www.webmd.com/sex-relationships/features/signs-of-a-codependent-relationship

33. Medically reviewed by Vara Saripalli, Psy.D., "What Are the Signs of Codependency?" 10 June 2021, https://psychcentral.com/lib/symptoms-signs-of-codependency

34. Sophia Mitrokostas, "Breakups can impact you in more ways than you think. Here's the science behind why they hurt so much." 14 February 2019, https://www.insider.com/why-do-breakups-hurt-so-much-2019-2

35. Ethan Kross, Marc G. Berman, Walter Mischel, Edward E. Smith and Tor D. Wager, "Social rejection shares somatosensory representations with physical pain," 28 March 2011, https://www.pnas.org/doi/full/10.1073/pnas.1102693108

36. Kirsty Welsh, "How mental health affects physical health," 5 October 2021, https://www.livescience.com/how-mental-health-affects-physical-health

37. Joseph B. Nelson (2017). Mindful Eating: The Art of Presence While You Eat, Diabetes Spectrum, Aug; 30(3): 171–174.

38. Caitlin Cantor, "How to Overcome Body Shame," 5 July 2017, https://www.psychologytoday.com/us/blog/modern-sex/201707/how-overcome-body-shame

39. Laura K. Schenck, Ph.D., LPC, "6 Core Processes of Psychological Inflexibility," https://www.mindfulnessmuse.com/acceptance-and-commitment-therapy/6-core-processes-of-psychological-inflexibility

empowerment-diary/201708/deep-listening-in-personal-relationships

21. Amanda Chatel and Carolyn Steber, "20 Signs You Should Give Your Partner Space," 27 Jan 2021, https://www.bustle.com/wellness/signs-you-should-give-your-partner-space-how-to-effectively-do-it-5518740

22. Lawrence E. Williams and John A. Bargh, "Keeping One's Distance: The Influence of Spatial Distance Cues on Affect and Evaluation," *Psychological Science*, 1 March 2008, https://doi.org/10.1111/j.1467-9280.2008.02084.x

23. Kyle Benson, "6 Hours a Week to a Better Relationship," https://www.gottman.com/blog/6-hours-a-week-to-a-better-relationship/

第四章 越相處越想逃？跨越現實因素的阻礙

24. Lauren M Papp 1, E Mark Cummings, Marcie C Goeke-Morey, "For Richer, for Poorer: Money as a Topic of Marital Conflict in the Home," 2009 Feb;58(1):91-103. doi: 10.1111/j.1741-3729.2008.00537.x.

25. Carolyn Vogler, Clare Lyonette, Richard D. Wiggins, "Money, Power and Spending Decisions in Intimate Relationships," 1 February 2008, https://doi.org/10.1111/j.1467-954X.2008.00779.x

26. Brad Klontz, Psy.D., Sonya L. Britt, Ph.D., Jennifer Mentzer, B.S. and Ted Klontz, Ph.D., Money Beliefs and Financial Behaviors: Development of the Klontz Money Script Inventory, *The Journal of Financial Therapy*, Volume 2, Issue 1 (2011)

27. Kristen Beesley Ph.D., "How to Spot Projection: Are Those Their Feelings, or Yours?," *Psychology Today*, 5 May 2021, https://www.psychologytoday.com/gb/blog/psychoanalysis-unplugged/202105/how-spot-projection-are-those-their-feelings-or-yours

第五章　該離開還是忍耐？釐清你對愛情的期待

28. Valerie Guilbault, Nabil Bouizegarene, Frederick L. Philippe..., "Understanding extradyadic sex and its underlying motives through a dualistic model of sexual passion," 22 July 2019, https://doi.org/10.1177/0265407519864446

29. Deichert, N. T., Chicken, M. P., & Hodgman, L. (2019). Appreciation of others buffers the associations of stressful life events with depressive and

11. Lisa Firestone Ph.D., "Do You or Your Partner Have an Avoidant Attachment Pattern?" *Psychology Today*, 2 April 2019, https://www.psychologytoday.com/us/blog/compassion-matters/201904/do-you-or-your-partner-have-avoidant-attachment-pattern

12. Jeffrey D.Bowen and Omri Gillath, "Who plays hard-to-get and who finds it attractive? Investigating the role of attachment style," 4 May 2020, https://doi.org/10.1016/j.paid.2020.109997

13. Ahona Guha DPsych, "Are You Bad at Dating, or Are You Insecurely Attached?," 23 May 2021, https://www.psychologytoday.com/us/blog/prisons-and-pathos/202105/are-you-bad-dating-or-are-you-insecurely-attached

第三章 越相愛越寂寞？找回關係的平衡

14.. 張春興：《現代心理學——現代人研究自身問題的科學》（台北：東華書局，1991）。

15.. Gretchen Kelmer, Galena K. Rhoades, Scott Stanley, Howard J. Markman, "Relationship Quality, Commitment, and Stability in Long-Distance Relationships" 18 September 2012, https://doi.org/10.1111/j.1545-5300.2012.01418.x

16. Nathaniel M. Lambert, A. Marlea Gwinn, Roy F. Baumeister ..., "A boost of positive affect: The perks of sharing positive experiences," 9 August 2012, https://doi.org/10.1177/0265407512449400

17. Emma Dargie 1, Karen L Blair, Corrie Goldfinger, Caroline F Pukall, "Go long! Predictors of positive relationship outcomes in long-distance dating relationships," 13 Mar 2014, https://pubmed.ncbi.nlm.nih.gov/24274061/

18. Robert Körner, "Power in romantic relationships: How positional and experienced power are associated with relationship quality," *Journal of Social and Personal Relationships*, May 17, 2021, https://doi.org/10.1177/02654075211017670

19. Ahmad, Saunia & Reid, David W. (2008). Relationship Satisfaction among South Asian Canadians: The Role of 'Complementary-Equality' and Listening to Understand. Interpersona 2(2), 131-150.

20. Diana Raab Ph.D., "Deep Listening in Personal Relationships," *Psychology Today*, 9 August 2017, https://www.psychologytoday.com/us/blog/the-

參考資料

第一章 揮別前段感情，擁抱受傷的靈魂

1. Scott Litin, M.D., *Mayo Clinic Family Health Book*, 5th Edition

2. White, V. E., and Murray, M. A. (2002). Passing notes: The use of therapeutic letter writing in counseling adolescents. Journal of Mental Health Counseling, 24(2), 166–176.

3. Christopher Olivola, "The Interpersonal Sunk-Cost Effect" *Psychological Science*, May 11, 2018

4. Erica B. Slotter, Wendi L. Gardner, Eli J. Finkel, "Who Am I Without You? The Influence of Romantic Breakup on the Self-Concept." *SAGE Publications*, December 15, 2009, https://doi.org/10.1177/0146167209352250

5. Robert Emmons, "Why Gratitude Is Good." November 16, 2010, https://greatergood.berkeley.edu/article/item/why_gratitude_is_good

第二章 劃出底線，不在關係裡失去自我

6. Everitt, BJ and Robbins, TW (2005). Neural systems of reinforcement for drug addiction: from actions to habits to compulsion. *Nature neuroscience*, 8 (11), 1481-1489.

7. M.Sanches and V.P. John, "Treatment of love addiction: Current status and perspectives," *The European Journal of Psychiatry* Volume 33, Issue 1, January–March 2019, Pages 38-44

8. Dr. Ramona Roberts, "Love Addiction and the Draw of Toxic Relationships," https://www.caron.org/blog/love-addiction-and-the-draw-of-toxic-relationships

9. Jill P. Weber Ph.D., "Overcoming a Love Addiction," 26 June 2013, https://www.psychologytoday.com/us/blog/having-sex-wanting-intimacy/201306/overcoming-love-addiction

10. Gisela Valencia, "Why you should say 'I love you' today – and always," 14 February 2020, https://news.fiu.edu/2020/why-you-should-say-i-love-you-today-and-every-day

日期：________________

Day 14

今日祝福：

關照內在，認可自己的需求，
你的生活將達到豐盛與平衡。

今天的身體狀態：

□ 放鬆　□ 緊繃，部位是________　□ 無特別感受

今天的心情天氣：□ 😀　□ 😐　□ 😔　□ 😠

今天我抽到的牌卡是：………………………………

看著這張牌的圖片或文字，我想到的事情是：

………………………………

………………………………

牌卡的提示訊息（牌義）：

………………………………

現階段的你，生活中最重要的三件事是什麼？

………………………………

………………………………

………………………………

目前的優先順序能達成你的內在需求嗎？
如果從自身需求出發，你會做出什麼樣的調整？

………………………………

………………………………

………………………………

Day 13

日期：__________

今日祝福：

身體是一盆植栽，
給予足夠滋養將會看到豐盛的喜悅。

今天的身體狀態：

☐ 放鬆　☐ 緊繃，部位是________　☐ 無特別感受

今天的心情天氣：☐ 😀　☐ 😐　☐ 😔　☐ 😠

今天我抽到的牌卡是：……………………

看著這張牌的圖片或文字，我想到的事情是：

……………………

……………………

牌卡的提示訊息（牌義）：

……………………

……………………

近期的你給身體的滋養是否足夠？有哪些特別疲倦緊繃的地方？

……………………

……………………

……………………

我需要什麼達到心理上的豐足？如：休息、自我挑戰、愛的關係。

……………………

……………………

……………………

日期：________________

Day 12

今日祝福：

勇於踏出第一步，用創新的方法挑戰自己
將獲得豐足快樂。

今天的身體狀態：

☐ 放鬆　☐ 緊繃，部位是________　☐ 無特別感受

今天的心情天氣：☐ 😀　☐ 😐　☐ 😔　☐ 😠

過去的你，達成什麼成就讓你感到雀躍？

....

....

....

....

....

最近的你希望給自己什麼挑戰呢？你想如何達成它們？

....

....

....

....

....

找一個人分享你的計畫，你會找誰呢？寫下之後請告訴對方。

....

....

....

Day 11

日期：＿＿＿＿＿＿

今日祝福：

關係中美好的對話，從打開耳朵聆聽開始。
用心傾聽，你會獲得更多靈感。

今天的身體狀態：

□ 放鬆　□ 緊繃，部位是＿＿＿＿　□ 無特別感受

今天的心情天氣：□ 😀　□ 😐　□ 😔　□ 😠

今天我抽到的牌卡是：……………………

看著這張牌的圖片或文字，我想到的事情是：

……………………

……………………

牌卡的提示訊息（牌義）：

……………………

近期關係裡，正面的溝通或談話經驗是什麼？

……………………

……………………

……………………

在這個對談中，你扮演的主要角色是聆聽者、說話者還是兩者兼備？你有什麼樣的感受？

……………………

……………………

……………………

日期：________________

Day 10

今日祝福：

戀愛之前，你更需要好好愛自己。

今天的身體狀態：

□ 放鬆　□ 緊繃，部位是________　□ 無特別感受

今天的心情天氣：□ 😀　□ 😐　□ 😔　□ 😠

今天我抽到的牌卡是：..

看著這張牌的圖片或文字，我想到的事情是：

....

....

牌卡的提示訊息（牌義）：

....

....

寫下近期在關係相處當中，一件讓你感到瓶頸你的事情？

....

....

....

如果你的朋友也和你一樣擔憂這件事，你會給他什麼鼓勵或建議？

....

....

....

Day 9

日期：＿＿＿＿＿＿＿＿

今日祝福：

打開心門才能讓愛的能量流進來，
充分感受愛的力量。

今天的身體狀態：

□ 放鬆　□ 緊繃，部位是＿＿＿＿　□ 無特別感受

今天的心情天氣：□　□　□　□

最近感受到愛的時刻是什麼？

你想對這個讓你感受到愛的關係人說什麼？

選擇一種方式向對方表達你的感謝、愛與欣賞，
你會採取什麼行動呢？（寫下以後去執行。）

日期：________________

Day 8

今日祝福：

在關係裡享受時空，獨處時安適身心。

今天的身體狀態：

□ 放鬆　□ 緊繃，部位是________　□ 無特別感受

今天的心情天氣：□ 😃　□ 😐　□ 😔　□ 😠

今天我抽到的牌卡是：……………………………………

看著這張牌的圖片或文字，我想到的事情是：

……………………………………

……………………………………

牌卡的提示訊息（牌義）：

……………………………………

……………………………………

最近的你如何運用獨處時間？

……………………………………

……………………………………

……………………………………

最近在關係相處的時間，你與對方從事了什麼讓你感到正能量？

……………………………………

……………………………………

……………………………………

Day 7

日期：＿＿＿＿＿＿＿＿

今日祝福：

一段對的關係是你重要的資源，
勇於收下來自他們的鼓勵，成為生命前行的動力。

今天的身體狀態：

□ 放鬆　□ 緊繃，部位是＿＿＿＿　□ 無特別感受

今天的心情天氣：□ 😀　□ 😐　□ 😔　□ 😠

今天我抽到的牌卡是：……………………

看著這張牌的圖片或文字，我想到的事情是：

……………………

……………………

牌卡的提示訊息（牌義）：

……………………

……………………

想要尋求溫暖連結時，你會想找誰呢？為什麼？

……………………

……………………

……………………

最近的你，有什麼心裡的話想對他／她說？

……………………

……………………

……………………

日期：________________

Day 6

今日祝福：

透過情緒認識冰山下的自己，
讓陽光透進靈魂深處。

今天的身體狀態：

□ 放鬆　□ 緊繃，部位是________　□ 無特別感受

今天的心情天氣：□ 😀　□ 😐　□ 😔　□ 😠

最近一次在關係中激起我情緒起伏較大的事件？

....

....

....

....

....

這個情緒背後真正的情緒又是什麼？

....

....

....

....

在想起這個情緒時，你的身體有什麼反應？

....

....

....

....

Day 5

日期：________________

今日祝福：

找到療癒的關鍵指引，
實際行動將看見不一樣的自己。

今天的身體狀態：

□ 放鬆　□ 緊繃，部位是________　□ 無特別感受

今天的心情天氣：□ 😀　□ 😐　□ 😔　□ 😠

今天我抽到的牌卡是：……………………………………

看著這張牌的圖片或文字，我想到的事情是：

……………………………………………………………

……………………………………………………………

牌卡的提示訊息（牌義）：

……………………………………………………………

……………………………………………………………

寫下近期給你安慰的一個人，或是一本書、一部電影。

……………………………………………………………

……………………………………………………………

……………………………………………………………

從上述當中，它們帶給你什麼體悟？

……………………………………………………………

……………………………………………………………

……………………………………………………………

日期：________________

Day 4

今日祝福：

人生追求不斷突破，
而和諧的關係不需要「自我證明」。

今天的身體狀態：

□ 放鬆　□ 緊繃，部位是________　□ 無特別感受

今天的心情天氣：□ 😀　□ 😐　□ 😔　□ 😠

今天我抽到的牌卡是：……………………………………

看著這張牌的圖片或文字，我想到的事情是：

……………………………………………………………………

……………………………………………………………………

牌卡的提示訊息（牌義）：

……………………………………………………………………

……………………………………………………………………

近期的你是否在哪些時刻感到自卑？描寫當時的情境。

……………………………………………………………………

……………………………………………………………………

……………………………………………………………………

近期的你會在哪些時刻感到自信？描寫當時的情境。

……………………………………………………………………

……………………………………………………………………

……………………………………………………………………

Day 3

日期：__________

今日祝福：

意識到自我批判的聲音，
用溫柔的語調疼惜自己。

今天的身體狀態：

□ 放鬆　□ 緊繃，部位是________　□ 無特別感受

今天的心情天氣：□ 😀　□ 😐　□ 😔　□ 😠

關係中曾經聽過對方說什麼，是你內心不認同的話：

....

....

....

這些話是否成為你的內在聲音，請用三句話駁斥它們：

....

....

....

在這一段關係裡，你覺得自己有哪些部分有所成長：

....

....

....

....

....

....

....

日期：________________

Day 2

今日祝福：

每一個過去都是現在與未來最好的養分。

今天的身體狀態：

□ 放鬆　□ 緊繃，部位是________　□ 無特別感受

今天的心情天氣：□ 😀　□ 😐　□ 😔　□ 😠

今天我抽到的牌卡是：……………………………………

看著這張牌的圖片或文字，我想到的事情是：

……………………………………………………………………

……………………………………………………………………

牌卡的提示訊息（牌義）：

……………………………………………………………………

試著回想你過去的關係，最讓你難受的部分是：

……………………………………………………………………

……………………………………………………………………

描寫看看當時有哪些情緒？

……………………………………………………………………

……………………………………………………………………

如果能回到過去，你想對自己說些什麼：

……………………………………………………………………

……………………………………………………………………

Day 1

日期：________________

今日祝福：

願你在療癒自己的路上，充滿著勇氣。

今天的身體狀態：

□ 放鬆　□ 緊繃，部位是________　□ 無特別感受

今天的心情天氣：□ 😀　□ 😐　□ 😔　□ 😠

今天我抽到的牌卡是：……………………

看著這張牌的圖片或文字，我想到的事情是：

……………………

……………………

……………………

牌卡的提示訊息（牌義）：

……………………

……………………

……………………

如果牌卡代表在關係中曾受傷的我，我想到的是：

……………………

……………………

……………………

……………………

……………………

……………………

接著，透過文字與圖像進行聯想自由書寫，再去查看牌卡手冊的牌義以獲得更多訊息，幫助你覺察自己的一天。以下幾點，想在開始之前先提醒你：

- ✦ 問題中的「關係」，不限於伴侶，也可以是人際、家庭或任何一段你珍視的關係。
- ✦ 有些問題讓你沒有頭緒甚至抗拒也沒關係，可以先做上記號，等待兩週後再回來審視，是否有新的見解、最開始想逃避的原因是什麼？
- ✦ 如果抽牌的當下沒有靈感，或者難以靜下心來，也可以休息一天，讓自己的身心恢復狀態。
- ✦ 牌卡可以是投射型牌卡或是正向卡、天使卡，準備好該牌卡的牌義手冊來引導你，也可以參考 281 頁的附錄，來協助你挑選合適的牌卡。

牌卡日記
14天的書寫練習

在開始書寫前，先抽出一張牌卡，
觀察它給予你今日的指引或覺察。

1.閉上眼睛，靜心深呼吸三次。
2.保持內心平靜。
3.心裡想著特定的問題，或是詢問：
「有什麼訊息是我當下應該知道的？」

那些愛情裡，我們所受過的傷

避開關係的誤區，找回愛自己與愛人的能力

作　　者 | 小妮子 Anny
發 行 人 | 林隆奮 Frank Lin
社　　長 | 蘇國林 Green Su

出版團隊
總 編 輯 | 葉怡慧 Carol Yeh
主　　編 | 鄭世佳 Josephine Cheng
企劃編輯 | 李雅蓁 Maki Lee
責任行銷 | 姜期儒 Rita Chiang
內頁插畫 | 江孟達 Meng Da Chiang
封面設計 | 江孟達 Meng Da Chiang
內頁排版 | 黃靖芳 Jing Huang

行銷統籌
業務處長 | 吳宗庭 Tim Wu
業務主任 | 蘇倍生 Benson Su
業務專員 | 鍾依娟 Irina Chung
業務秘書 | 陳曉琪 Angel Chen・莊皓雯 Gia Chuang
行銷主任 | 朱韻淑 Vina Ju

發行公司 | 悅知文化　精誠資訊股份有限公司
105台北市松山區復興北路99號12樓
訂購專線 | (02) 2719-8811
訂購傳真 | (02) 2719-7980
專屬網址 | http://www.delightpress.com.tw
悅知客服 | cs@delightpress.com.tw
ISBN：978-986-510-219-7
建議售價 | 新台幣380元　　首版一刷 | 2022年05月

國家圖書館出版品預行編目資料

那些愛情裡，我們所受過的傷：避開關係的誤區，找回愛自己與愛人的能力 / 小妮子（Anny）著. -- 初版. -- 臺北市：精誠資訊, 2022.05
320面；14.8×21公分
ISBN 978-986-510-219-7 (平裝)
1.CST：戀愛心理學 2.CST：兩性關係

544.37014　　111006548

建議分類 | 心理勵志

著作權聲明

本書之封面、內文、編排等著作權或其他智慧財產權均歸精誠資訊股份有限公司所有或授權精誠資訊股份有限公司為合法之權利使用人，未經書面授權同意，不得以任何形式轉載、複製、引用於任何平面或電子網路。

商標聲明

書中所引用之商標及產品名稱分屬於其原合法註冊公司所有，使用者未取得書面許可，不得以任何形式予以變更、重製、出版、轉載、散佈或傳播，違者依法追究責任。

版權所有　翻印必究

本書若有缺頁、破損或裝訂錯誤，請寄回更換
Printed in Taiwan

dp 悅知文化
Delight Press

線上讀者問卷 TAKE OUR ONLINE READER SURVEY

你的獨一無二，
會讓你遇到值得去愛的人。

——《那些愛情裡，我們所受過的傷》

請拿出手機掃描以下QRcode或輸入以下網址，即可連結讀者問卷。
關於這本書的任何閱讀心得或建議，歡迎與我們分享 :)

https://bit.ly/3ioQ55B

牌卡諮詢體驗，抽獎活動開跑

只要填寫線上讀者問卷（至 6/30 截止），
即有機會獲得「小妮子牌卡陪談服務」乙次。

（得獎名單將會於 7/11 在悅知文化 FB 粉絲專頁公布。）